日本共産党 本当に変わるのか⁉

国民が知らない真実を暴く

元日本共産党ナンバー3
筆坂秀世
対談
自民党政務調査会審議役
田村重信

〔編著〕ビューポイント編集部

View P BOOKS

はじめに

日本共産党は昨年の統一地方選で躍進した土台のうえに、同9月には安保関連法廃止などを掲げて国民連合政府構想を提唱、国政レベルの選挙でも公認候補を降ろしてまで他野党に協力する柔軟な姿勢を示すなど、これまでにない積極攻勢に出ている。

しかし、忘れてならないのは、戦前、戦後を通じ全国各地で暴力闘争を展開し、殺人、襲撃、騒擾《そうじょう》事件などを数多く引き起こし国民を多大な不安に陥れてきた事実である。それを否定し続け「国民が主人公」といくら叫んでも失われた信頼は取り戻せない。

最近では熊本県を中心として発生した大地震を〝好機〟とし、国政選挙候補予定者が被災者への募金と選挙資金や党活動のカンパを絡ませて行っていたことが問題視された。日本共産党最優先の独善的な変わらぬ体質が露呈したものだろう。

このたび革命政党と言われる日本共産党の暗部を知悉した元党幹部の筆坂秀世氏

と、安全保障・憲法問題に精通している自民党の論客の田村重信氏との異色の対談を行い、日刊紙「世界日報」で12回にわたって連載をした。それを一部加筆し、関連記事や資料を補足した。

日本共産党は本当に変わるのか。柔軟な姿勢は実は見せかけだけで、革命を目指す一戦術にすぎないのか。様々な角度から日本共産党の矛盾や嘘、「暴力路線」などを両氏に語ってもらった。この書が、日本共産党の真の姿を知るうえで読者の一助になれば幸いである。

平成二十八年五月

ビューポイント編集部

目次◎日本共産党　本当に変わるのか⁉

目次

〔第1部〕

対談

筆坂秀世
田村重信

共産党は過去の「暴力」を認めよ――筆坂
民進党、共産と連携で得票激減も――田村

日本共産党で書記局長代行、常任幹部会委員、政策委員長などを歴任しながら離党した元党ナンバー3の筆坂秀世氏（元参議院議員）と自民党政務調査会審議役の田村重信氏が日本共産党の綱領、暴力革命路線問題、民進党と連携した場合の見通しなどについて長時間にわたり活発に論じ合った。

その中で、筆坂氏は「共産党は暴力革命路線だったことを素直に認め、そのために破壊活動防止法（破防法）が作られたことを率直に認めるべきだ」と強調するとともに、「解党すべきである」と語った。これに対して田村氏は共産党は改憲政党であり、党綱領に「革命」の言葉があるのは「天皇を最後はひっくり返すという心があるからだ」と指摘。民進党が、国民の嫌悪感の強い共産党と連携すると選挙で得票が激減するとの見通しを述べた。司会は早川一郎・世界日報編集局次長兼政治部長。

＊　＊　＊　＊　＊

――まず、筆坂さんが日本共産党に入った動機について。

筆坂　僕は、高校を卒業して三和銀行に入った。就職しないと家が貧しいから、卒業したら就職すると決めていた。そうすると学校の勉強に身が入らないし、ともかく生きる目標が定まらないわけだ。「自分は何のために生まれてきたのかな、人の金の勘定をして俺は一生を終わるのか」と考えると耐えられない気持ちになっていた。

その時に、民主青年同盟の呼び掛け規約を同じ支店にいた共産党員から渡されて、これを読むと、「君たちが主人公だ」と書いてあった。こっちは、自分をゴミみたいな存在だと思っていたが、「社会を変えていくんだ」と。この地球上には、半分くらいの人が社会主義で暮らしている。今、世界は、資本主義から社会主義へ大きく音を立てて大きく変化している。この進歩の流れに身を投じようではないかと。「主役は君たちだ」と言われ、「そうか自分にも存在意義があるんだ」と思って入った。

共産党に入ったのは、それから1年ぐらいしてのことだ。今の共産党なら入る人が

筆坂秀世氏

いないから誰でも入れる。僕らの時代は、簡単には入れなかった。「そろそろ君、共産党に入らないか」と言われ、長い決意表明を書かされ、綱領と規約を認めますと書く。自分が育ってきた家庭や思想の変化を長々と書き、それでやっと「党員候補」になれた。

自分は生きる価値を見いだした。やっと自分が生まれてきた意味が分かった。当時、やはり革命運動に身を投じるという気持ちがあった。それが一番の入党の動機だ。

――2005年に離党したのは。

筆坂　実は、2003年に議員辞職

田村重信氏

に追い込まれたが、まあいいやと思っていた。別に、議員になろうと思っていたわけではないし、それまで政策委員長をやっていたし、参議院議員もやっていたから、俺は共産党にとって必要な人間だ、議員バッジを外してからも、大事な仕事をいっぱいやらなければいけないと思っていた。
ところが、党本部に戻ってくると、何にも仕事がない。完全に干された。もちろん、僕の部下だった連中は辞めた後も慕ってくれた。副委員長の中には、僕がエレベーターに乗っていたら、乗らずに逃げるやつがいた。幹部でない人は、僕が食堂に行くと大喜びだった。「筆さんが来てくれた、うれしいわ」と。

だが、仕事が一向にない。実は、幽霊党員だった。中央役員は、中央委員会があるから支部には所属しない。一般の党員は、必ず支部に所属しないといけない。ところが僕はどこの支部にも属していない。党費を納めないといけないが、党費を納めるところがない。常任幹部会委員の一人に「おかしいじゃないか、これでは幽霊党員ではないか」と言っても、一向に手を打とうとしない。ああそうか、俺はこの組織には必要のない人間になっているんだな、だったらもう辞めようと。

共産党に愛着もなくなっていたし、党本部だけでなく、共産党も辞めようと思った。そこで離党届と退職届を、志位（和夫委員長）さんの所に持っていったがいなかったので、秘書の机の上に置いておいたら、その秘書が驚いて飛んできた。「そういうことだから。俺、辞めるから」ということで辞めた。

田村　何が原因で党本部から反発を受けたのか。

筆坂　僕も偉そうだったからだ。現に偉い人だったから。先輩議員に対しても、質問がへただなあと言ったりして。

田村　本当のことを言ってたわけだ。

筆坂　だから、僕より先輩の議員からは嫌われていた。僕が失脚するとないことをいっぱい言われた。ところが僕より年上だった僕の秘書が、僕の処分に対しておかしいとし、僕より先に離党して退職した。だから、彼に対しては、少し後ろめたさがあった。本当は僕もそうしたかった。しかし、2003年に議員を辞めてから2005年までの2年間、給料欲しさに党の飯を食っていた。本当は、2003年の時点で共産党も辞めて、尻をまくりたかった。

北朝鮮と同じリーダーの体質――田村
歴史を全然学ばない共産党員――筆坂

田村　結局、リーダーに大事なのは、いろいろなことを言ってくれる人をそばに置ける器量があるかどうかだ。マキャベリの『君主論』にも出てくるが、文句を言ってくれる人を近くに置けるかだ。そうでないと周りはみんな茶坊主になってしまう。そうすると、周囲のことが見えなくなってしまう。

共産党のトップの人はそういう体質なのかもしれない。それは、小沢一郎さんにも言える。アドバイスをしたら、みんな切っちゃう。最後は、人がいなくなり今日のようになった。筆坂さんみたいに、共産党のためにバンバンものを言って煙たがられたが、そういう人を包含するというか、入れておく度量が組織的にもともとないのではないか。

今も不破哲三さんがトップ

筆坂　共産党は上から作る党だから。下から作る党ではない。僕が失脚した時、週刊誌が僕のことを「ナンバー4」って書いた。書記局長代行を務めたこともあったので、ナンバー3だったとも言えるが、共産党にはナンバー1しかいない。ナンバー2以下はいないの。すべてはトップだ。宮本体制の時だったら宮本顕治さん。不破体制の時だったら不破哲三さん。僕は今も不破哲三だと思うけどね。

田村　北朝鮮とか中国、旧ソ連だとかのシステムと一緒だ。

筆坂さんの『日本共産党と中韓』というワニブックスの本を読んで、これはそうだなと思った。「日本共産党が言っていることは、ひとことで言えば、『日本はとんでもなく悪い国だった。今もそれを反省しない悪い国だ』ということに尽きる。だが、本当にそうなのか。日本だけが悪い国だったのだろうか——。私が日本共産党を離党して以来、考えていることはその点である」と筆坂さんは言っている。そこが非常になるほどな、と思った。

われわれと日本共産党との違いは、われわれは、日本は頑張っていい国になったな、世界的に見てもいい国になったなと思っている。ところが、共産党の人たちは、ずっと日本は、ろくでもない悪い国なので変革しないといけないと思っている。筆坂さんは世界を見たら、日本はいい国ではないかと疑問を感じたというが。

筆坂　全くその通り。この間、財布を落としてしまったがちゃんと戻ってきた。これが日本だ。共産党を辞めてからいろいろなことを考えたが、やはり僕たちは歴史を知らないなと思った。僕は、18歳の時に党に入ったから共産党の歴史観でずっと来た。歴史を検証しようということは、共産党にはない。戦前の歴史は「暗黒の社会」、このひとことだ。

田村　それで終わっちゃう。

「平和の党」の看板おかしい

筆坂　悪い国だったんだと。悪い国が戦争をやって負けたんだと。それだけだ。戦前のことなんか、全然学ばない。共産党員は、実は歴史を全然学んでいない。これは、僕だけではない。共産党について学ぶことは、「侵略戦争に反対した唯一の党」のひとこと。そのため、治安維持法で弾圧されたんだと。これさえ知っていれば、共産党の戦前の歴史は合格だ。「侵略戦争に反対した平和の党」という演説は、野坂参三なんかがよくやってた。まあ、僕もやったが。（笑い）

「27年テーゼ」や「32年テーゼ」があるが、これが戦前の綱領的な文書だった。戦後になって、「27年テーゼ」にこういう弱点があった、「32年テーゼ」にこういう弱点があったと言っているが、共産党は全体として肯定的に見ている。

では、コミンテルン（国際共産党）の分析はどうだったか。例えば、連合国と枢軸国とがある。戦後、ポツダム宣言を受けて、連合国は正しい、民主主義と平和の正しい連合国。枢軸国は悪いやつだと。こういう構図が描かれている。しかし、コミンテルンはそういう風には見ていなかった。要するに、アメリカ帝国主義と日本帝国主義の、言ってみれば、植民地略奪の帝国主義同士の戦争だと見ていた。それが共産党の綱領だった。

共産党の綱領の立場に立てば、ポツダム宣言はおかしいということになるはずだ。しかも、その帝国主義戦争を利用して革命を起こそうとしたわけだ。レーニンがやったことと一緒だ。それを日本でもやろうとした。そうすると、日本共産党は平和の党ではない。内乱だから。暴力革命をするわけだから。これが戦前の「27年テーゼ」であり、「32年テーゼ」だった。そうすると、「侵略戦争に反対した唯一の平和の党」というこの看板はおかしい。そういうことを今の党員は絶対に知らない。「27年テーゼ」なんて、読まない。僕だって、党を辞めてから読んだんだから。

コミンテルン日本支部がルーツ——田村
ものすごい書き換えする共産党——筆坂

田村　志位委員長の『綱領教室』という3冊の本を読んでみた。なるほど、批判しようと思えばそういう箇所が満載なんだなと気が付いた。例えば、戦前の話で、共産党は1922年の7月15日に創立している。その年の11月から12月にコミンテルン、共産主義インターナショナル第四回大会で正式に日本支部として承認された。これが日本共産党のルーツであり、それは変わっていないわけだ。

志位さんはこの本で、自分たちの政党は、綱領をものすごく大事にする政党なんだ、民主党なんか綱領がないじゃないかと言って批判している。自分たちは綱領を大事にし、綱領にあることを着実に実行するということが書いてあり、なるほどなと思った。そういう意味では、結局、目指すべき社会は、社会主義、共産主義社会だ。その考え方は、自然と反米になってしまう。そこをきちんと踏まえていくことが大事だ

志位和夫著『綱領教室』（全3巻）

なと思った。

筆坂　ただ、共産党の歴史観というのは、まさにアメリカの歴史観だ。

田村　途中からね。占領政策になったらそれを今度は利用した。

筆坂　今、ポツダム宣言を一番評価しているのは、何といっても日本共産党だから。

田村　そういうことだ。はっきりしているのは、日本の戦争はすべて昭和天皇の名で起こしたんだと。戦争の問題でも、天皇への態度が問われるんだということを明確に言っている。「天皇の専制政治打倒」というのが、日本共産党の基本的な考え方だ。東京裁判の問題について三つの問題点があると言っている。
一つは、最大の戦争犯罪の天皇を免罪したこと。二つ目は、連合国の戦争行為の問題点を不問にしたこと。広島、長崎の原爆投下やソ連によるシベリア抑留や強制労働。三つ目は朝鮮や台湾などへの植民地支配の責任。朝鮮人の「強制連行」、慰安婦を含む植民地犯罪。共産党が慰安婦の問題で、わあわあ言っているのは、共産党の歴史観があってやっていることだ。そういうことをきちっと押さえておくことが大事だ。

筆坂　今言われた2番目は　そんなことを言ってなかった。これは新しい（志位さんの）本でしょ。最近だからそういうふうに言っている。だって原爆投下なんて批判していないんだから。それどころか、核エネルギーは大変なもので、これがあれば不毛な原野でもいっぺんに肥沃《ひよく》な土地に変えることができる、なんてやっていたわけだから。

例えば、日本の原水爆禁止運動は、広島、長崎に原爆投下されてから起こったのではない。ビキニ環礁で第五福竜丸が被爆して以降だ。広島、長崎に原爆が投下されたからと言って、共産党や当時の社会党が、これはアメリカの戦争犯罪だと騒いだかというと一切なかった。だから、これは後知恵だ。何しろ占領軍を解放軍だと規定していたのだから。

田村 結構、研究していくと、原点が大事だ、原点が大事だ、と言いながら、途中で相当変わって、ご都合主義になっているということがかなりある。

筆坂 ものすごい書き換えをやるんだね。

「天皇制」が共産党の最大の敵——田村
「君主制」削除は不破氏の知恵——筆坂

田村 筆坂さんの論文の中に「日本共産党の手のひら返し」とあるが、最初言ってたのともう全然違う。例えば、かつては河野談話を批判していたが、今はどうかとか。かつては村山談話を全然評価しなかったが、今はどうかとか。日韓国交正常化にも反対していたが、今はどうかとか。そもそも改憲政党だった。「天皇制打倒」なわけだ。社会主義、共産主義と相いれないのでそれが最大の敵なんだから。体制転換というのは、まさにそこにある。

憲法改正が共産党の原点に

世界の憲法になく日本にしかない日本国憲法の一番の肝は、第一章「天皇」なんだ。それをなくすには憲法改正しかない。基本的に共産党には、憲法改正が原点にある。その心は天皇をなくす、ということだ。そこはきちっと言っていかないと、みんなだまされると思う。急に、今年の通常国会の開会式に出席したりしてね。

筆坂　これは、不破哲三の知恵だ。前の綱領では「君主制」と位置付けていた。「君主制」だったら打倒しないといけない。「君主制」でないようにしたらいいじゃないかと。これは、不破さんから直接聞いたが「君さ、前の綱領で『君主制』と言ったからまずいんだよな」というわけ。何故かというと、「君主制」と言うから「天皇制打倒」となる。今、「天皇制打倒」なんて言っても国民に受け入れられるわけがない。どこからも相手にされない。だから、今の新しい綱領で「君主制」という言葉をなくした。「君主制」ではないなら打倒しなくていいというのは、まさにそのためにやったことだ。ただし将来的には、国民の総意で決めると逃げてるわけだ。

――いずれにしろ、情勢が熟したときに最終的には「天皇制」を打倒するんだということに変わりない。

筆坂　それはそうだ。共産党としては、「天皇制」が反民主的存在であるということは変わりない。これがいつまでも残るのはよくないというのが、共産党の基本的な立場だから。

田村　共産党は今も、「民主主義革命」だと言っている。「革命」とわざわざ綱領に入れているのは、天皇を最後はひっくり返すという心があるからだ。それがなければ、わざわざ「民主主義革命」なんて言わない。そこに爪というか牙が出ているわけだ。そこのところは気が付かないといけない。「現在、日本社会が必要としている変革は、社会主義革命ではなく、異常な対米従属と大企業・財界の横暴な支配の打破。日本の真の独立の確保と、政治・経済・社会の民主主義的な改革の実現を内容とする民主主義革命である」という話だ。

筆坂　共産党の言う革命は権力。共産党の考え方では、要するにアメリカ帝国主義と日本独占資本が実際の権力を握っている。自民党も含めてだが。ここから権力を移行させるというのが革命だが、そんなことが選挙を通じて本当にできるのかと。だって、今年の総選挙で、共産党を含む連合政権側がたまたま多数を占めたとしても、２年後の選挙でまた自民党が多数を占めたらどうするんだよと。そんなことやってたら革命にならないでしょ。

田村　だから、多数を取ったときに、多数の力で変えちゃうんだ。法律を変えたりして。民主党が政権をとった時にそういうことをやった。党の職員を役人に仕立て、役人の行動をスパイさせ、とんでもない法案を出させたことがあった。参院で、自民党が勝ったからそんな馬鹿なことができなかったが極めて似たようなことが起こるだろう。

筆坂　面白いのは、この新しい綱領には、「社会主義革命」というのはない。「社会主義的変革」ということだ。不破哲三がどう説明しているかというと、「民主主義革命」を成し遂げた権力が「社会主義革命」もやる。だからこれは権力が移行しない。この権力が同時に社会主義も実現するという考えだから、「民主主義革命」をやった権力がそのまま社会主義に移行していくのでこれは「変革」であると説明している。だから、「民主主義革命」をやるのは大変なことだ。

一回権力取ればどうなるか

田村　そういう意味では、共産党が加わった権力移行が起こった場合と、民主党が政権を失ったという話と実際は相当違ってくる。共産党が、一回権力を取ったらどうなるかということを考えておかないといけない。共産党に反対した連中はどうなるか、ということだ。それについて今は何も言ってないが、歴史を見れば分かる。毛沢東はどれだけ国民を殺したか。スターリンは何をしたか。ヒトラー批判があるけどヒトラーより自国民をたくさん殺している。自分に反対する者は殺す。だから、反対する筆坂さんもはずされたわけだ。それが共産主義の実態だ。

中国に行って、習近平（国家主席）の批判ができるか。ロシアの赤の広場に行って、「おいプーチン、とんでもないぞ」と言えるか。日本には言論の自由がある。国会の内外で安倍批判を叫んでも、お構いなしだ。

暴力なしの革命はあり得ない――筆坂
タガをはめられた沖縄県知事――田村

――幹部会の中などで共産党が政権を握ったら、不破さんとか志位さんが、自分は何々大臣になるとかという話は出たことがあるか。

筆坂　全くない。本気で政権につけるなんて思っちゃいないから。

田村　政権についても大臣なんか関係ない、党の方が偉いんだから。中国を見れば分かる。

筆坂　日本共産党だって、宮本顕治が議席を持っていないときでも彼が一番偉かった。野坂参三でも誰でもなかった。

田村　共産党に反対したら弾圧される。そういう例がある。隣の中国だって今もあるし旧ソ連にだってあった。共産党が政権をとったら、また民主党みたいになるというふうに考えたらダメだ。それでは大きな誤りを犯す。だって、中国の軍隊は国の軍隊ではなく共産党の軍隊だから。日本共産党は、日米安保もなくす、自衛隊もなくす、と言っても、自分のための軍隊を創るかもしれない。

筆坂　暴力革命の問題で言えば、革命は本来、暴力革命だ。暴力なしの革命はあり得ない。革マルや中核派なんかが、日本共産党を修正主義と批判しているのはなぜかと言うと「共産党だって議会主義になってしまったではないか。あれでは革命なんかできっこない」という。僕は、田村さんの言うこととずれるかもしれないが、議会を通じた革命なんて言い出した時から革命政党ではなくなっていると思っている。大変革は暴力革命しかあり得ないと思う。

田村　僕が心配しているのは、沖縄の翁長（雄志）知事のようなケースだ。自分が知事になるために共産党の支持をもらった。僕は翁長さんも側近も良く知っている。「お前、そんなことやってどうするんだ」と側近に言ったが、「いや大丈夫です。普天間の問題だって知事になれば、政策転換を上手にします」と言っていた。言ってたけど、「共産党から支持をもらったら、共産党のタガががっちりとはまるから、そんなこと思ったってできないよ」と予言したが、今はそうなってしまった。共産党がコミットしたら、違う動きをしたいと思ってもそうできなくなる。その例を見ても、大臣を出さなくても共産党がコミットするだけでも大変なんだ。

例えば、応援してもらって政権につけば、与党の協議が出てくる。与党の協議で了解されなければ政策が進まない。そうすると、共産党の考え方に、しょうがないから乗ろうねということで来ちゃうが、それは危険なことだ。そういう意味で、今度、一緒に（選挙を）やろうというのはかなり危険なところがある。

筆坂　昔の共産党に比べれば、党員も減ったし、新聞の部数も減ったし、財政力も弱くなっている。けれども、他の政党に比べれば、組織力、資金力がある。沖縄が大田昌秀知事の時代のことだが、社会党、沖縄社会大衆党などと革新共闘会議を作ってやるのだが、みんなカネがない。結局、共産党がカネを出し、ビラも一緒に作ろうということになってくる。組織だって、動員をかけるとなったら本土から大量に行かせるからどうしたって影響力が強くなる。僕も大田が参議院議員に当選して挨拶に来たとき無視してやった。「ふざけんな。カネを出したのは共産党だろう。それなのに社民党から出やがって。無所属で出るなら分かるけど仁義が違うだろう」と。
田村　それは、当選したから関係ないよとは絶対にいかない。
筆坂　それはそうだ。

共産と組むと保守が逃げる

田村　山形の市長選挙も同じ方法をとったわけだ。落選してダメだったが。それと、大阪でダブル選挙があり、維新憎しで共産党が支援した自民党は惨敗した。結局、共産党と組んだらダメなんだ。保守が逃げたらダメ。民主党だって保守から票をもらって勝てた。昔、「しんぶん赤旗」の記者に「君の所の敵は自民党ではないよ、民主党であり社民党だよ」と教えてあげた。革新のパイがあって、それの取り合いなんだよと。今、民主党（現・民進党）がへこんだでしょ。そうすると共産党が増える。

最近やらなくなった世論調査がある。どこの政党が一番嫌いかというものだ。やると、ダントツが共産党なんだよ。最近、マスコミにも共産党寄りがいるからやらない。これだけは嫌いっていうのがあるからこれと組んじゃうとダメとなる。調子に乗って民進党が共産党と一緒にやればどっと減るよ。1＋1＝2ではなく、0・5ぐらいになる場合もある。無党派とか保守票が入らない。

安保法廃止で共産は大失敗も――筆坂
「戦争法」の命名こそ憲法違反――田村

筆坂　政権交代の時の選挙で、共産党は300小選挙区のうち150くらいしか立てていない。何も民主党に協力するために立てないのではなく、供託金の没収がすごい額に上るから立てられなかった。

田村　最近はそうだ。

筆坂　あれだけ政権交代と騒がれていた時だから、共産党の支持者が民主党に入れようか、ということで自主的に投票した。それで大勝した。田村さんが言われたように、今度みたいに大々的にやった時にあれだけの効果が出るかどうか。

田村　あの時の選挙で一番大きかったのは、自民党はダメだからということで保守の票が民主党に行ったことだ。民主党は、元自民党の人間がいるから安心できるし左もいるから安心できますよ、受け皿としてＯＫということで政権交代がうまくいった。今度はそういうことにはならない。共産党と組むとはこういうことだ、とやれば違うと思う。

筆坂　もともと保守の票が行った。

田村　そう、それが大きい。

筆坂　だから極端だ。６年前の参院選で、民主党が比例と選挙区で、だいたい１７００万〜１８００万だった。３年前は７０００万だった。１０００万減ってるわけだ。１０００万というのは、革新票ではなく保守票だ。

田村　今、僕の所に集まってくる若い人たちが、民主党に票を入れてその結果、大失敗したという。それで逆に安倍さんを応援しなきゃと一生懸命やっている。ものすごい反動だ。そういう人は、もう民主党（現・民進党）には行かないだろう。もう懲りてしまい、失敗した、まずいことをしたと言う。

選挙でうまく立ち回る共産

筆坂　選挙で言えば、共産党の善戦の背景は簡単だ。僕は引き算だと思う。共産党に入れて、いくらか議席を増やしたところで何かが実現するわけでは絶対にない。5人が10人になったところで、政治はそんなに変わらない。それなのに、何でかというと、まともな野党がないからだ。結局は引き算だ。だから、しばらくは今程度は続く。だって、民進党だって期待が高まっているわけでもなんでもない。そういう意味では、共産党は、今度の選挙でうまく立ち回っている。一緒にやろう、一緒にやろうと。ところが、民進党としてはコアな所が逃げたら困ると。

田村　腰が引けてる。

筆坂　しかし、世の中の人は共産党が犠牲になっても一緒にやろうと言っているではないか、共産党の方がずっと立派ではないか、となる。

田村　共産党がどういう政党かという実態を知らないからそうなる。昨年から国民連合政府を、と言っている。差し当たって一致できる目標の範囲での統一戦線をやろうと。平和安全法制の廃止だけで結び付いてやろうと言っている。民主主義を尊重するなら、多数決で通ったわけだからそれに従うのがルールでしょ。それを廃止するというのは時間の無駄でしかない。

筆坂 僕は、共産党は安保法制廃止で失敗すると思う。一つはできたばっかりではないかと。国民はリアリストだから、できたばかりのものをまた廃止するというのはできっこないと思う。共産党がこれを前面に押し出して今度の選挙をやれば、大失敗するだろう。京都市長選挙が今年の2月にあったが、自民、公明、民主が組んだ候補に対して共産党の独自候補は、4年前は3万票くらいの差だったのに、今年は12万票余りの大差で、当選者の半分ぐらいの得票にとどまった。京都市長選でこんなに惨敗したのは初めてだ。この選挙で共産党候補が何やってたかと言うと安保法制廃止を訴えていた。

田村 山形の市長選でも、共産党が応援したから、それで票を減らしちゃった。

筆坂 安保法制廃止なんてそもそも京都市長選挙、山形市長選挙に関係ないんだもん。

徴兵制というレッテル貼り

田村　だいたいね、戦争は国際法違反だ。それなのに、法律にその名前を付けたら憲法違反だ。戦争法なんて言っている連中は、憲法違反を主張して立憲主義に反対していることになっている。徴兵制だってそう。レッテル貼りだ。今の憲法で徴兵制なんてできないんだから。集団的自衛権の解釈を変えたって法律を作ったって、徴兵制はできない。本気でやるなら憲法を改正するしかない。自民党の憲法改正草案だって、徴兵制にするなんて言ってない。世界を見回して、徴兵制だった国も志願制になっている。ドイツだって、スウェーデンだってそうなっちゃってる。

今も日本共産党憲法草案を自慢——筆坂
現行憲法の制定時に反対した党——田村

筆坂　共産党には立憲主義を語る資格がない。そこまで言うなら、憲法改正を言わなきゃ筋が通らないでしょ。この前、朝日新聞に面白い投書が出てた。法治国家なら、憲法改正をする必要がある。普通に考えれば、自衛隊は、憲法と相いれないはずだよと。日米安保条約だってそうだ。法治国家でありこれが必要だというのであれば、憲法を変えるしかないと。朝日新聞の投書にしては珍しい。そうしたら、翌日の産経新聞まで、高校生が憲法改正が必要だと書いていたので、この二つを使ってコラムを書いた。

あれだけ立憲主義、立憲主義と言いながら、自衛隊をなくすとは言わない。なぜかといったら、それは簡単だ。そんなこと言ったら、選挙で大負けするからだ。

田村　自衛隊の評判が、震災時の活躍もあり、ものすごく良い。それをなくすと言ったらハチャメチャになる。

筆坂　法制局で理屈を言ってきたけど、本当は憲法違反なんだ。どう見たって軍隊ですよって。しかし、やはり日本の安全上、やむを得ないからこの解釈でやってきたと。しかし、そもそもこの解釈には無理があることは国民も分かっている。分かっていて呑《の》み込んでいるんだから、この際、きちっとしましょうよ、9条を変えましょうよと言えばいい。
野党の方で、憲法改悪反対と言っている人は、「いいやそんなことはない。自衛隊は合憲だ」と言うべきだ。だから、憲法を変える必要がないと言うべきなので、改憲派と護憲派の言ってることが反対なんだよ。共産党なんか「憲法違反の軍隊」と言っているんだから、それをすぐになくせと言わなければ、筋が通らないじゃないか。なんで、参議院選挙の第一のスローガンに「憲法違反の自衛隊をなくします」と言わないのか。
田村　言ってるのではないか。
筆坂　いや、そんなことを言ったら国民の支持を得られないから、自衛隊や日米安保には触れない。それで戦争法反対、憲法守れなんて言っている。
田村　もともと日本国憲法を作ったときに、良くないと言ったのは日本共産党だけだ。
筆坂　あれは、立派だった。
田村　今は、日本国憲法全部良いからそれを守ろうと言っている。もうハチャメチ

日本共産党憲法草案

〔一九四六年六月〕

前文

天皇制支配体制によってもたらされたものは、無謀な帝国主義侵略戦争、人類の生命と財産の大規模な破壊、人民大衆の悲惨にみちた窮乏と飢餓とであった。

この天皇制は、欽定憲法によって法制化されていたように、天皇が絶対権力を握り、人民の権力を徹底的に剥奪した。それは特権身分である天皇を頂点として、軍閥と官僚によって武装され、資本家、地主のための搾取と抑圧の体制として勤労人民に君臨し、政治的には奴隷的無権利状態を、経済的には植民地的に低い生活水準を、文化的には蒙昧と偏見、迷信と盲従とを強制し、無限の苦痛をあたえてきた。これに反対する人民の声は、死と牢獄とをもって威嚇され、弾圧された。この専制的政治制度は日本民族の自由と福祉とに決定的に相反する。同時にそれは近隣植民地、半植民地諸国の解放にたいする最大の障害であった。

われらは苦難の現実を通じて、このような汚辱と苦痛にみちた専制政治を廃棄し、人民に主権を

「日本共産党憲法草案」の前文（『日本共産党綱領問題文献集』日本共産党中央委員会出版局刊より）

ャだよ。

くるくる態度を変えてきた

筆坂　憲法の条文は一字一句変わっていないのに、改憲派から護憲派になったということは、共産党がくるくるくるくる態度を変えてきたということだ。

田村　時代に合わせて、口先だけね。

筆坂　国民受け狙い。それだけだ。

――日本共産党が自分で作った日本人民共和国憲法草案を日本共産党憲法草案と呼び名を変えたようだが、今はどうなっているのか。

筆坂　あれを持ち出すことはない。ただ、いまだに自慢はしている。なぜかというと、あの時、主権在民を記述したのは、日本共産党だけだという。それだったら、言いたいことがある。例えば、労働組合とか大衆団体や政党も入ると思うが、こういうところに対して、印刷費とか助成制度を提案している。言ってみれば、政党助成金だ。ただし、民主主義的な団体に限る。そうするとたぶん自民党は、反動派と分類される。要するに、この政党は民主主義的だ、この政党は反動的だと政府が分類するわけだ。これでは結社の自由はないことになる。これが共産党の憲法草案だ。主権在民を自慢するなら、そういうところもちゃんと言いなさいよと言いたい。

憲法改め軍隊保有が本来の方針――筆坂
日米安保無くして国を守れるか――田村

田村　政策の個別の問題だが、日米安保条約を廃棄して自衛隊解体というのが共産党の本来の主張のはずだが、その辺のところはどうか。

自衛隊無くせの主張しない

筆坂　本来は、自衛隊は今の憲法には違反しているから解体するというものだ。しかし、その後憲法9条を改正して、自前の軍隊を持てるようにするというのが、民主連合政府綱領提案の中に入っている。上田耕一郎（元党副委員長）がちゃんとそう説明しているんだ。例えば憲法9条に違反している自衛隊をなくし、次に憲法9条を改正するまで時間がかかる。すると、一時的に空白になる。これは確かに矛盾だと言っている。矛盾だけれども憲法違反の状態はなくさなくてはならないから、憲法9条は改正する。そして、自前の軍隊を持つ。これが共産党の本来の方針だ。

ところが、共産党は今、それを隠してしまっている。それを隠すために自衛隊は憲法違反だと言いながら、無くせという主張をしなくなってしまった。無くせと言って次に作るとなると憲法9条を変えることに絶対になるからね。軍隊のない独立国なんてないというのが本来の立場なんだ。

田村　小泉（純一郎）さんと志位さんの問答の中にも、「違憲の軍隊だという認識です」、自衛隊は憲法違反だということを明確に志位さんは言っているからね。

筆坂　だから、いま護憲派で9条守れと志位さんは言うんだが、それは本来の共産党の立場とは違うんだ。本来の共産党の立場は憲法9条改正論であり、自前の軍隊を持つ。そして、非同盟の立場を取る。どこの軍事同盟にも属さないというものだ。

田村　もともと共産党は反米だからね。日米安保条約は、日本をアメリカの戦争に巻き込む軍事同盟だというのが60年安保だ、とずっと言っている。

筆坂　そう。周辺事態法もそうだし、ＰＫＯ法も戦争法、戦争法と言ってきたのだから。

田村　60年安保改定のときも、アメリカの戦争に巻き込む対米従属的な軍事同盟条約に改悪・強化したものだといって批判していた。しかし、今、日本の周辺を見たら、北朝鮮が核実験をやるわ、ミサイルをぶっ飛ばすわ。そこでここ10年を見たら、中国とロシアの軍事力の増強は一番ひどいわけだ。そういうのが日本の周りにいる。そういうことを考えたらアメリカと組むしかない。そのおかげで戦後70年間、平和でいたのは、これは実績だからね。それを無くしどうやって日本を守るのか。

自民の体制に乗ってるだけ

筆坂　批判だけして、本当に無責任だと思う。共産党が批判しようが、日米安保は無くならないというのはよく知っている。自衛隊が無くならないのはよく知っている。それを認めますと言わないだけの話であって、それを批判して自分たちは「われわれこそは平和の党だ」と言っているだけなんだ。だから、滅茶苦茶無責任だ。

要するに、自民党の体制に乗っかってるだけ。ある人が、「憲法9条を守ってきたのは間違っても野党じゃない。革新勢力ではないんだ。自民党が守ってきたんだ」と言っていた。これはそうだと思う。だって、憲法9条の解釈なんてね、曲芸みたいな解釈だ。しかし、それでも憲法9条を変えずに、日本の安全保障はちゃんとやらなくてはならない。これを現実的にやってきたのが自民党なんだ。野党は無責任で、「じゃあ、自分たちの対案はどうなんだ」と言われても出せない。今度の参議院選挙で自衛隊即時解体、日米同盟即時廃棄といって共産党はスローガンに掲げなさいよと。それが筋でしょう。でもそんなこと一切言わない。これこそインチキだ。

共産の「暴力」で破防法できた——筆坂
国民にもっときちんと説明を——田村

——戦後の暴力革命に関して、政府は3月22日、日本共産党が現在も破壊活動防止

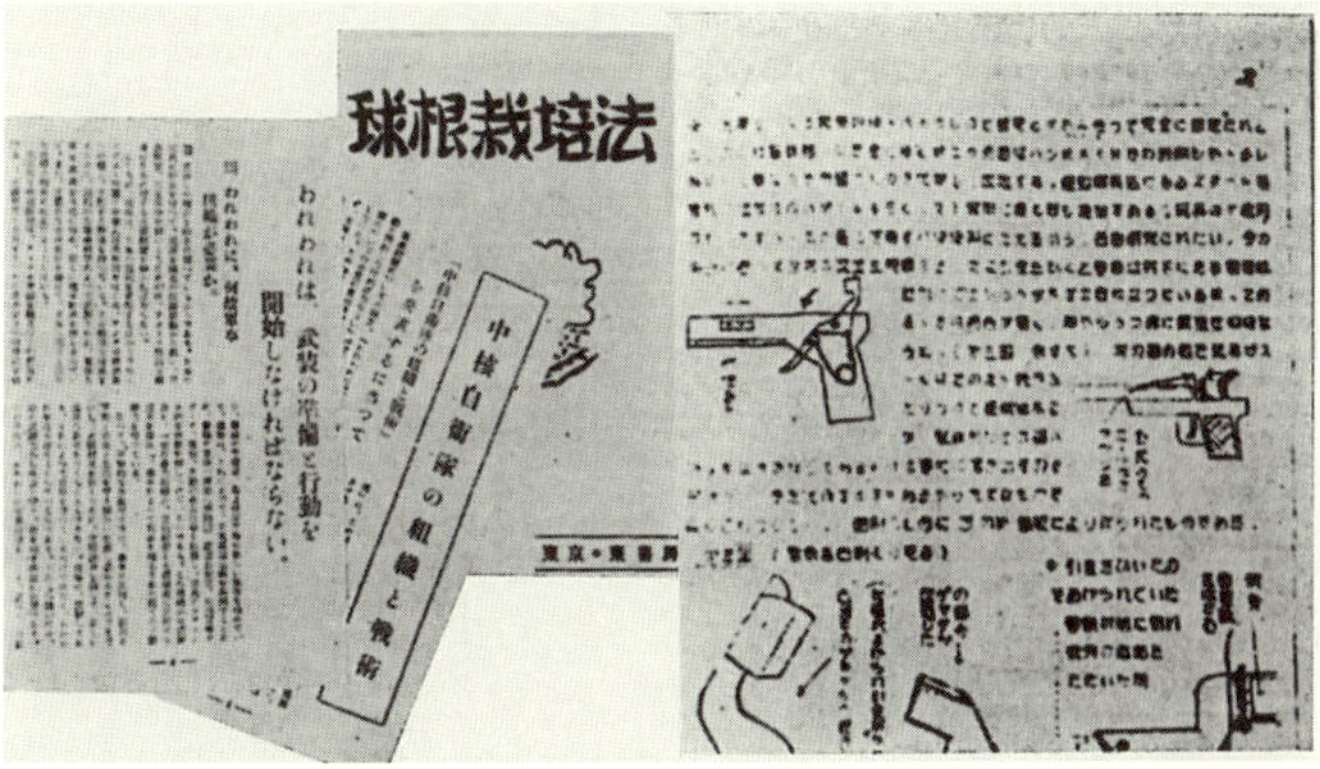

軍事方針を記した『球根栽培法』と拳銃の作り方の教科書

法（破防法）の監視対象であるという答弁書を閣議決定した。戦後の共産党の暴力革命についてはどう捉えているか。

山下書記局長発言は間違い

筆坂　51年綱領というのがある。今、共産党は51年綱領ではなくて51年文書と言い換えているけど、これは完全に暴力革命路線なんだ。共産党は、山下（芳生書記局長、現・副委員長）君が「暴力革命なんていうことは過去も現在も未来も一切ない」と語っていたがそんなことはない。戦前は完璧に暴力革命路線。戦後も、51年綱領というのは暴力革命路線そのものだよ。だって、火炎瓶を投げたり、中核自衛隊を作ったり、山村工作隊を作ったり、実際そこに身を投じていった若者がいっぱいいたわけだからね。

――軍事方針を記した『球根栽培法』などが党員に配布されたこともあまり知られていない。

筆坂　共産党は今、「あれは野坂参三とか徳田球一が勝手にやったことだ」と言っている。そんな理屈は通用しない。だって、その野坂があるいは徳田が共産党を代表していたわけだから。しかも野坂はその後も共産党の中央委員会議長にまでなる。だから、「共産党とは関係ない。共産党の一部が勝手にやったこと」と言っても、一部であろうと何であろうと、共産党がやったことは間違いない。しかも、「破防法による監視はけしからん」と言うけれど、何で破防法ができたかだ。共産党がこういうことをやったからできた。だから、破防法を作らせたのは共産党なんだ。

共産党は自分たちでやって、自分たちで首を絞めているというだけの話なんだ。だから、共産党が破防法で監視対象団体に指定されていると、警察白書では毎年書いている。鈴木貴子議員への答弁書の内容は、何も目新しいことでもない。共産党自身が暴力革命路線だったということを素直に認めて、われわれがやったためにこんな法律が作られましたと率直に認める。そして、「敵の出方論」とかある。共産党の特徴は方針をいつの間にか変えていくが、路線が生きていると言われても仕方がないんだ。

革命できず一度解党すべき

革命政党を作ってもう九十何年になる。老舗の革命政党で革命できずに九十何年といったら、いっぺん解党すべきだ。

われわれの時は、入党する人は労働者階級の前衛という誇りを持っていた。厳しい審査で入った。だから、例えば、大学でも共産党に入るには成績が良くないとダメ。職場でもリーダーで人気者でなければダメだった。なぜかというと、若い者を入れていくわけだから、リーダーシップがなければダメだった。いま共産党に入ってくる人たちは、共産党議員のおかげで生活保護を受けることができただとか、公営住宅に入居できたとかね、これは言ってみたら後衛だ。

田村　なるほどね。

筆坂　ところが前衛という言い方が、一般国民を後衛のように見なしていると言われるので前衛という規定をなくした。しかし、活字としてはなくしたけれど気分は前衛政党なんだ。雑誌『前衛』ね。これは私がまだ常任幹部会委員の時に、「これだけ『前衛』を残しておくのはおかしい」と言って、じゃあ名前を変えようとなり出版局からいろいろ案が出たが良い案がなく「このままにしておこう」となった。正直言ってもう読まれていない。

――どのくらいの部数か。

筆坂　もう少ないだろう。僕らが入った時分は党員なら全員読む。10万、20万の数だっただろう。多分、『前衛』は今、赤字だと思う。1万部出ていたら上等だろう。雑誌はほとんど赤字になってしまった。

田村　きちんと国民に説明していかないといけないことが他にもある感じがする。例えば教育勅語についても、良いところがあるのに、天皇への忠義だから良くないんだと。それから安重根を義兵闘争の指導者で、テロリストではなく、「韓国では、愛国の義士、民族の誇りとされている」と志位さんが言っている。「過去の植民地支配と戦争の反省が大事だ」と。それから、宗教については面白いことを言っている。「現在、宗教的意識に反映されている社会的な現実が解消され、それとともに宗教的反映そのものも消滅する」と、宗教は不要になると。これはエンゲルスが『反デューリング論』で説明していると。今は具合が悪いから、いろいろな宗教があるけれど共産党が目指す理想社会になれば、それは必要なくなると言っている。

行き詰まり原点に戻れと主張——田村
理想語る力無くなった共産党——筆坂

筆坂　要するに、共産主義社会は理想社会なんだ。何の悩みもない、良い人ばっかりになる。社会主義の中で、欲とか削《そ》がれていって、みんな良い人ばっかりになるってことを書いている。そんなことあり得ないでしょ。ユートピアだ。しかし、ユートピアというのはある魅力を持つ。若者を引き付けていく力がかつてはあった。しかし、今の共産党に理想を語る力はない。

僕が入ったときは、ソ連があり、中国があり、実態は分からないけれども社会主義で、これこそ進歩、発展の方向だというものがあった。北朝鮮だって地上の楽園だと言っていたくらいだから。ソ連ならどんなだろうと。小林多喜二の『蟹工船』にも、いかにソ連が素晴らしいところかということが前提に書かれている。小林多喜二も実際のソ連なんか知らないから。そういう人を引き付ける力があった。社会主義になったら素晴らしいと。ソ連を見てみろ、女性もトラクターに乗っている、これは男女平等が実現しているからなんだと。社会保障は行き届いている。医療費も無料だ。素晴らしい国だ。こう語れたわけだ。しかし、今はもう語れない。だって、資本主義から社会主義ではなくて、社会主義から資本主義になっているんだから。

世界を見てみろと、社会主義から資本主義にどんどん発展転化しているとなる。僕が入党した時と真逆だ。中国を見たってそうだ。そうすると社会主義を語れなくなった。社会主義を語れない共産党なんて、理想を語れない共産党ということなんだ。だから、若者が入らなくなった。

今世紀は「前進」を目指すだけか

一度、蟹工船ブームが叫ばれたことがあった。産経新聞は心配して、「共産党に若者が続々入っているらしい」と。そんなわけがないじゃないか。共産党に入って何をするの。消費税反対。そんなものは共産党に入らなくてもできるだろう。社会主義を作ろうというから共産党に入る。共産党に入るということは、世間からは差別されることや、出世できないことを覚悟しなければならないんだ。そんな自己犠牲の活動をなぜやるかというと、大目標があるからだ。

だけど、今は大目標がない。昔の綱領は、「社会主義革命が起って、第1の段階では、能力に応じて働き、労働に応じて受け取る。もう一段進んで高い共産主義の段階になると、能力に応じて働き、必要に応じて受け取ることができる社会になる」と書いてあった。「搾取《さくしゅ》は一切無くなる」と。しかし、今の共産党の綱領にはそんなことは書いていない。意味不明だ。

まずこう書いてある。「発達した資本主義の国での社会主義・共産主義への前進をめざす取り組みは、21世紀の新しい世界史的な課題である」と。21世紀はあと84年もあるが、まだ「社会主義への前進をめざす」だけ。革命は22世紀の課題ということだ。そんなの目標と言えるか。だって、日本共産党ができた1922年に、百年後に社会主義を作ろうと誰が言ったか。日本でもソ連と同じように労農革命を起こせるんだと思ったから、みんな治安維持法に弾圧されながら命を懸けたわけだ。すぐ実現できると思ったから。今は、百年後だ。それだって、その入り口に立とうっていう話だ。

生産手段の社会化を説明できぬ

じゃあ、その社会主義はどんな社会主義なのか。生産手段を社会化するという。「その所有・管理・運営が、情勢と条件に応じて多様な形態をとりうるものであり、日本社会に相応しい独自の形態の探求が重要である」と。何のことか分からない。生産手段の社会化というのはどうすれば良いか、共産党自身も全く分からないということだ。そして、取って付けたように「国有化や集団化の看板で、生産者を抑圧する官

対談する筆坂秀世氏（右）と田村重信氏

僚専制の体制をつくりあげた旧ソ連の誤りは、絶対に再現させてはならない」と書いてある。

田村　ソ連を批判されると、今までソ連を美化していたのを今度は独立路線だったと来るわけだ。最近は、自主独立の闘いを通じて何を言い出したかというと、「マルクス、エンゲルスの本来の姿が生き生きと蘇って21世紀のわが党の綱領に結実しました」と。結局、マルクス、エンゲルスで行くわけ。だから、今の経済を考えた場合、マルクス経済学でこれから日本は良くなると思ってやっているわけだけど、

21世紀は社会主義の時代だというのは言わない。そういう意味では、結局、ソ連も北朝鮮も参考にするのがなくなったから、原点に戻ってマルクスだと言っている。

筆坂　だから、困っているわけだ。不破哲三さんが知恵を絞ってこれしか書けないんだから。自分でも何を言っているか分からない。どうなるか分からないということ。どっちにしたって共産党だから一応書いている。

「国民連合政府構想」に打算も――筆坂
トップのセリフと全部が一緒――田村

筆坂　民主連合政府が現実味があったのは70年代だけ。なぜかというと日本社会党があったから。実際に、東京、名古屋、京都、大阪で革新首長ができた。だから、現実味は一応あった。でも、社会党がなくなった段階で、民主連合政府なんて全く展望はない。今、志位さんが「国民連合政府構想」という暫定政府構想を出して、懸命に民進党に擦り寄って、ある意味必死なんだ。ただし打算もあると僕は思う。国民連合政府が本気でできるとは絶対に思っていないと思う。シングルイシュー（単一の政策）で戦争法廃止をやったら、その内閣は解散総選挙をすると言うんだから。そんな無責任な政治ができるわけがない。

田村　それはさしあたって一致できる目標だ。

調子いい時に暫定政府構想出す

筆坂　共産党は、暫定政府構想というのを4回ほど出している。日米安保条約改定があった1960年。衆議院の議席は1人だ。共産党が暫定政府構想を発表するときというのは特徴がある。次の選挙に躍進しそうなときなのだ。80年代もそうだ。いまそうだ。今回の参議院の改選は3人しかいないが、絶対躍進する。6人でも倍増だから。そういう調子が良いなと思うときに、暫定政府構想を出している。今度の場合は、「ＳＥＡＬＤｓ」（シールズ）がマスコミにうんと取り上げられたが、この連中と連携すれば若者票が来るだろうという計算がある。18歳選挙権も導入されることだし。だから共産党候補を積極的に降ろして野党共闘をリードしようとしている。だから、「国民連合政府構想」ができるとまともに思ったら、それはバカだ。それほど共産党はバカではないと思う。

田村　憲法の問題でも、憲法とは権力・政府を縛るものだとしか言わない学者がいる。しかし、国民の生命と財産を守るのが憲法の究極の目的で、国家の役割は一体何か、そこが一番大事。ヨーロッパは変な王様がいたから、これを倒して国民を守るために憲法で権力を縛るというのは分かるけど、やはり日本は日本なんだ。なぜ「天皇」があるか。そこなんだ。

筆坂　私は、共産党はそこから学び直せと言いたい。やはり日本の歴史を学び直せ。そうしないと受け入れられなくなる。いくら柔軟路線だと言ったってそんなのごまかされない。

田村　資本主義を批判し大企業を批判したら、グローバルな時代だから大企業に増税したらどんどん外に出て行く。それでは経済政策は成り立たないわけでしょ。

筆坂　マルクス・エンゲルスで現在の経済運営は絶対できない。そもそも、そんな経済理論ではない。

田村　でも、志位さんははっきり言っている。マルクス・エンゲルスの本来の姿が生き生きと蘇って21世紀の党の綱領に結実したと。いままでいろいろ言っていたものが問題になったから、やはり原点に戻るのだと。

党員の半分以上が綱領読まない

筆坂　今の綱領は不破さんが全部書いた。その草案も僕は読んだ。もちろん、常任幹部会で出た意見を入れ、些末だが若干の修正はしている。しかし、基本はすべて不破さんが作った。この綱領ができて何年も経っているが、いまだに党員の半分も読んでいない。下から生き生きとした討論を積み重ねて党大会が開かれ決まったというが、綱領を学べ、綱領を学べと号令を掛けながら今も読んでいない党員が半分以上もいる。

田村　共産党の人たちは、トップが言うセリフと全部、一気通貫、一緒だ。

筆坂　全くその通り。共産党の人は良く勉強しているというが、それは間違い。「赤旗」に書いてあることをそのまま言っているだけの話だ。その点、「赤旗」は良くできているので、地方議員も同じことを言っている。憲法9条は世界の宝だとよく言うよ。反対したのは共産党だけだ。歴史を知ると、恥ずかしい。

集中制だけで民主主義がない——筆坂
16年同じ人がトップは不思議——田村

筆坂 自民党のある都議会議員が、共産党は護憲政党を装っているが、本当にそうなのかと質問した。そして、憲法制定議会での野坂参三の演説や討論を読み上げた。「戦争には正しい自衛の戦争と間違った侵略戦争がある。われわれは自衛戦争を肯定するのだ。ところがこの憲法9条はなんだ。自衛軍は持てない、自衛権すらないと言っている。こんなもので国の独立が守れるのか」と。それをユーチューブで見た。

それに映ってはいなかったが共産党の都議会議員が議長席に詰め寄って、やめさせろと猛烈な抗議をした。舛添都知事が答弁する時も続き、知事が「少し静かにしてください」というくらいの猛抗議だったそうだ。憲法9条に反対したことを、今の共産党の都議会議員は知らないのだ。野坂参三がそのようなことを言っているとは、でっち上げだと思っている。だから猛烈に抗議した。

都議でも9条反対の過去知らぬ

その後、調べてみると、都議団の幹事長の名前で、自民党都議団の幹事長に抗議文を送った。書いてあることは1行。「護憲政党を装って」というところだけに噛《か》みついている。全然知らなかったわけ。そんなもんなんだ。都議会議員クラスですら、共産党が憲法9条に反対したってことを知らない。だって、護憲政党を装っているくらいだったら、そんなに猛烈な抗議をする必要がないではないか。いかに知らないかということだ。みんな知らないから、あんな「憲法9条は世界の宝」なんていうプラカードを掲げる。「反対したのは共産党だ」というと「ウソです」と絶対に言うよ。

田村　それと、民主主義を大事にするというのは良いが、党内民主主義も大事だ。大体トップの任期は決まっている。自民党だって、どこの政党だって、2年とか3年とか、青年会議所は1年とかね。

夫婦でも組織の会話ができない

筆坂　やはり民主集中制という組織原則に一番の問題がある。共産党の民主集中制の一番の特徴は、「横の連携を一切取ってはならない」ということだ。例えば、あるところに一つの支部があり別なところにもう一つの支部があるとすると、これの交流は絶対禁止だ。夫婦でも、例えば僕と女房は三和銀行時代、支店が違うから別の支部だった。そうすると夫婦でも組織の会話をしてはならない。なぜかというと、こっちの支部にどういう党員がいるかとか、全部ばれてしまうから。警察に捕まってしゃべってしまったら、みんな芋づる式になってしまう。だから、横の連絡は絶対取ってはいけない。例えば、新宿地区委員会と港地区委員会が、上級機関である東京都委員会に無断で、共同で何かをやるということなんか絶対にない。

田村　いわゆる迷路にしているわけだ。

筆坂　全部つかめるのは上だけ。上から下に来る組織なんだ。横の連携は厳禁。規約には、各級機関の役員は選挙で選ぶとなっているが、機関は上から中央委員会、都道府県委員会、地区委員会、支部委員会とある。例えば地区委員会の場合、地区党会議というのがありそこで地区委員を選ぶ。会議参加者に候補者名簿が記載された用紙が配られる。それを○×で選ぶ。だが会議参加者は他の支部の人を知らない。そりゃそうだ。横の連携が取れないわけだから。全く分からない人を選ぶ。党大会までずっとそう。だから、選挙なんてない。地区委員会から県委員会、中央委員会までずっと候補者名簿が出されるだけだから、信任投票にすぎない。党委員長も選挙ではない。本当は自民党のように党首選挙をやればいいんだが。

田村　16年間ずっと同じ人（志位氏）がトップにいるというのは不思議だ。北朝鮮だったら分かるけど。まだ、中国の方が任期が決まっている。あっちの方が民主主義的だ。

筆坂　それだけ見ても民主主義のある政党とは言えない。集中制だけなんだ。民主主義はないように作ってあるんだ。

運転手、コック常駐の不破邸——筆坂
自民党には別荘なんてない——田村

田村　共産党のみなさんはみな平等で同じものを食べているのかなと思ったら、兵本達吉さんが月刊誌『ＷＩＬＬ』に、共産党の熱海の研修所では中央委員より幹部会委員の方がおかずが一品多いと書いている。その上の常任幹部会委員になるとさらにもう一品多くなるという。その上の、当時委員長の宮本顕治となれば一番大きくて、一番新鮮な鯛じゃなくてはいけないから、ボディーガードを熱海の魚屋に買いに走らせたという。帝国ホテルの主任シェフをしていた人が、「組織内の身分の違いでおかずの数が変わる世界は共産党だけだ」と嘆いていた。昔のソ連では、ノーメンクラツーラといって「赤い貴族」というのがあったが、実際にどうなのか。

常幹委員だけが使える別荘

筆坂　僕が常任幹部会委員になったときは、党本部に食堂があり、一般の党員もヒラの中央委員も一緒なんだが、常任幹部会委員だけ別の食堂があり違うメニューだった。しかし、これは良くないと僕が提案する前になくなった。それと幹部だけの別荘があった。僕も夏休みだったと思うけれど、当時、幹部会秘書室があって、「明日から休みになるけど、連休の宿を取っていないな。どこか空いていないかな」と言ったら、「それなら伊豆の別荘を使ったらどうですか」と言われた。建物は建て売りみたいなものだが、伊豆に二軒あって、使えるのは常任幹部会委員だけだった。

田村　自民党は別荘なんてない。

筆坂　そりゃあそうでしょう。共産党というのは幹部をものすごく大事にする。党大会決定には幹部政策なんていう項目が必ずある。共産党というのは先ほど言ったように上から作られている。要するに幹部さえ守れば党は滅びないという考えがある。これは多分レーニン以来のことだ。

田村　自民党と全く逆だね。自民党というのは、応援してくれる人たちを大事にしなくてはという気持ちがある。

筆坂　私は「幹部会委員とか常任幹部会委員というのをやめたらどうか」と提案したことがある。「他の党のように幹事で良いじゃないか、常任幹事とか」と。それに「統一戦線なんていう言葉をやめたらどうだ」と言ったけれど、却下された。

それから不破哲三の家がすごい。すごく遠い。中央高速の相模原インターで降りて、党本部から1時間半くらい走って、走って、山の中にある。不破夫妻は80歳を越した老夫婦で、二人とも車を運転できない。ボディーガードがいて、運転手が常駐している。コックさんも常駐している。日本の政党の党首であんな生活ができるのは不破だけだ。

――不破さんと井上ひさしさんとの対談をまとめた『新日本共産党宣言』の中で、「明治天皇の人形が部屋にいっぱいあった」と井上さんがびっくりしていたが、実際どうか。

筆坂　すごい。郷土人形など土人形を集めるのが趣味なんだ。一棟は、書庫とその人形が何千とある。

田村　中国の秦の始皇帝の兵馬俑みたいだ。

筆坂　そのほかに住まいが一棟ある。コックや運転手やボディーガード用の小さい家が一つあって、そこで寝起きしている。

田村　それは党員みんな生活が大変な中、党員が払った党費で賄っているんでしょう。

トップになったら辞めない

筆坂　そう。人件費だけですごい。自分で雇うとしたら無理だ。だから、辞められない。共産党はいっぺんトップになったらなかなか辞めない。宮本顕治が辞めたのは89歳だ。不破哲三が「お願いだから辞めて下さい」と言って、やっと辞めた。

田村　だから、16年もやって誰も辞めろなんて言わないんだ。自民党なんか長いから辞めろという声が出て途中で辞めたりする。

筆坂　自民党なんて長くなくても辞めろとなるじゃないか。（笑い）

「志位意見」全否定する不破氏——筆坂
人を許容しない体質も問題だ——田村

田村　不破前議長や志位委員長に関して何かエピソードは。

筆坂　宮本顕治時代からそうなのだが、選挙のポスターやビラを作るときに、不破さんがＯＫして宮本さんのところに持っていくと、大体「ダメ」と言われて帰って来る。これは不破・志位体制になっても一緒。

ＯＫになったためしがない

僕は政策委員長をやっていて、政策宣伝の責任者もやり、書記局員、常任幹部会委員でもあったが、僕がサインして、まず書記局長の市田（忠義）のところに持っていく。市田はなんでもサインする。それからすぐ志位さんのところに行く。志位さんは若干意見を言ったり、大幅な手直しを入れたりして、志位意見で最後は作り上げる。

ところが、不破さんのところに持っていくと、ＯＫになったためしがない。全然ダメだと。

それで不破さんの側近の副委員長がいて、「筆さん、悪いけど、今から不破さんのところに行ってくれないかな」と言う。「和田宣伝局長に行かせれば良いじゃないか、俺は演説会があるんだから」と言うと、「筆さんじゃないと意見言ってくれないんだよ」というわけだ。しょうがないから高速に乗って行く。

それで向こうへ行くと晩飯を作って待っていてくれる。「これ全然ダメですか」と聞くと、「全然ダメだね」と言う。「良いところ一つもないですか」と聞くと、「良いとこ一つもないね」と言う。それで早口でペラペラしゃべるからメモしきれなくて「まあいいや」となってね。

みんなは党本部で待っているわけだ。だって選挙のビラは期間が決まっているので急ぐから。それで不破さんの意見を伝えて作り直し志位さんのところに持っていくと、志位さんは「僕見ない」と言う。全然ダメと言われたから。「分かりました。じゃ、志位さんは見ないと書いて送りますよ」と言ったら「見る」と言った。（笑い）

結局、全部ストップ。うるさいんだから。一度、茶色っぽい色のビラを作ったら、不破さんから僕に電話があって、「君、僕は紺と言ったはずだ」と。「聞いてません」と言うと、「言ったはずだ」「聞いてません」とやりとりすると「じゃあもういい」と電話を切った。宣伝局長に「不破さんが茶色じゃなくて紺だと言ってるよ」と言うと、「どうするんですか、もう印刷に入ってますよ」とびっくりするわけ。そんなのどっちでも良い。「紺にしたら票が増えるんかい。行け行け、大丈夫、俺が責任を持つ」と言ってやらせた。

それと、宮本さんも不破さんも王室が好きでね。エリザベス英女王が来日するとき、宮本さんから国際部に「どういう条件なら（歓迎会に）行けるか調べろ」とご下問があった。やはり行くのはまずいとなったが。不破さんはデンマーク女王夫妻が来日した2004年11月17日の夜、東京・赤坂の迎賓館で開かれた招待夕食会に夫婦で出席した。女王と口をきいたわけでもないのに、不破さんの本には自慢たらたらで「王室外交」と書いてあった。

共産党の名は変えられない

――党名変更については。

筆坂　田原総一朗なんかは「共産党という名前を変えたら、もっと支持が増える」と言うんだが、変えられないと思う。共産党という政党だから民主集中制という組織原則ができ、そして、党員に献身性と犠牲を払わせることができるわけだ。共産党という名前をなくすことは、民主集中制をなくすということと一緒だ。そうすると、共産党という組織はばらばらになってしまう。

田村　民主主義を党内に入れたら、志位さんは終わりだ。

筆坂　共産党はガチャガチャになる。

――現在は志位体制というよりも、不破さんが力を持っているわけだ。

筆坂　やはり不破さんだと思う。国民連合政府の提案は絶対不破さんだと思うよ。不破さんはこういうのが好きなんだ。志位さんは、どちらかというと型通り。型からはみ出して何かを提案するということがあまりない人だ。今回、「国民連合政府構

いない。

ろすというのは、ある意味大胆な提案だ。こんな提案を考えるのは不破さんだ。間違

想」をぽんと提案したが、今までの提案にないのは、選挙協力。共産党が候補者を降

――ポスト志位は全然浮かんでこないか。

筆坂　浮かんでこない。

田村　不思議だね。こればっかりは。人材不足なのだろうか。

筆坂　人材不足が大きいと思う。昔だったらもっと東大、京大から新しい人材が入ってきた。それがどんどん減ってきている。パイプが細くなっている。

田村　それと人を許容しない。ナンバー3の筆坂さんを弾くんだからね。

筆坂　（笑い）

――長時間、ありがとうございました。

〔第2部〕

――日本共産党の「暴力」関連記事

●日本共産党の「暴力革命」変わらず――政府答弁書

政府は3月22日の閣議で、日本共産党について「警察庁としては、現在においても、日本共産党の『いわゆる敵の出方論』に立った『暴力革命の方針』に変更はないものと認識している」とする答弁書を決めた。鈴木貴子衆院議員（無所属）の質問主意書に答えたもの。

答弁書はまた、日本共産党が、戦後の昭和20年8月15日以降、「日本国内において暴力主義的破壊活動を行った疑いがあるものと認識している」と指摘。「現在においても、破壊活動防止法に基づく調査対象団体である」とした。

日本共産党は戦前は、コミンテルン（国際共産党）の日本支部として「天皇制打倒」のための暴力闘争を展開。戦後は、１９５０年の朝鮮戦争に乗じて、ソ連のスターリンの指令の下、51年に採択した51年綱領（スターリン綱領）によって暴力革命路線を公然と打ち出し、武力闘争に突き進んだ。

具体的には、地下本部として「軍事委員会」を設置。隠れ党員を中心に中核自衛隊という軍事組織を作り、火炎ビンなどを使ったテロ・破壊闘争を全国規模で行い、北朝鮮の南侵に事実上、加担。51年12月の練馬署印藤巡査殺害事件、52年1月の札幌中央警察署白鳥警部射殺事件など警察官襲撃事件のほか、「階級敵」と見る税務署、資産家などへの襲撃事件を全国各地で起こした。

また、同5月1日に皇居前騒擾《そうじょう》事件（血のメーデー事件）のような大掛かりな破壊・殺傷事件を起こした。そのために52年7月にできたのが、破壊活動防止法であり、監視官庁としての公安調査庁である。

●共産党の破防法調査対象は当然である

政府は日本共産党について、「警察庁としては現在においても『暴力革命の方針』に変更はないものと認識している」とする答弁書を閣議決定した。

答弁書は、戦後に合法政党になって以降も「日本国内において暴力主義的破壊活動を行った疑いがあるものと認識している」「現在においても破壊活動防止法（破防法）に基づく調査対象団体だ」などとしている。

51年綱領で武装闘争路線

これに対して、共産党の山下芳生書記局長が3月22日に記者会見し「党として厳重に抗議し、撤回を求めたい」と反発した。が、不都合な党史を隠す姿勢を繰り返しても、主義・思想と行動を一致させた武装闘争路線の一時代は確かな史実であり、現在も破防法の調査対象団体だ。暴力路線を明確に否定しない限り、抗議は全くの筋違いである。

答弁書は民主党を離党した鈴木貴子衆院議員の質問主意書に対するもので、共産党の野党共闘への反発が背景にありそうだ。共産党との協力関係を進める民主党執行部に異議を唱えて離党したのは鈴木氏だけではない。昨年10月、外相や政調会長を歴任した松本剛明衆院議員も、「国民連合政府」構想を提案した共産党との連携に動く民主党を離党した。

それでも、民主党執行部は①選挙協力②安倍政権打倒③安全保障関連法廃止と集団的自衛権行使一部容認の閣議決定撤回④国会での協力――などの項目で共産党とも野党共闘を進めた。この共闘に加わった維新の党と合流し、民進党になっても変わらないだろう。

民主党離党議員が、共産党についての答弁書を引き出したのは、民進党を旗揚げする民主党に対し警鐘を鳴らしたかったのではないか。今回の答弁書について、政権選択の枠組みに参入しようとしている共産党と共闘する各野党も見解を示す責任がある。

また、仮に政権に就いたとすれば共産党との協力関係を撤回するか否かが選挙の争点に浮上する可能性もあろう。

共産党が武装闘争路線をとったのは、1950年に北朝鮮が韓半島共産化のため南侵した韓国動乱に乗じ、ソ連共産党の独裁者スターリンの指令により51年党綱領で暴力革命路線を打ち出したからだ。地下本部の「軍事委員会」の下に中核自衛隊などを組織し、派出所、税務署、地主を襲撃して多くの犠牲者を出した。52年に札幌で起きた白鳥警部射殺事件では逮捕された党員の冤罪《えんざい》を主張し、再審請求を行うなど欺瞞《ぎまん》的な運動も繰り返された。

中でも「血のメーデー事件」と呼ばれる52年5月1日メーデーの皇居前騒擾《そうじょう》事件では、約８００人の警官が負傷する大掛かりな破壊闘争となった。これが同年の破防法制定と公安調査庁設置の理由となった。

暴力革命放棄確約させよ

その後、殺傷・破壊など当時の武装闘争に対する謝罪・反省・償いはもちろん、闘争の理論的根拠の共産主義との決別も党名変更もしていない。27日に結党する民進党など野党は共闘以前に、共産党に暴力革命放棄を明文化させるなどの確約でけじめをつけさせるべきである。

（3月25日付世界日報掲載）

●共産党に破防法答弁書　暴力革命闘争に頬被り

日本共産党の機関紙「しんぶん赤旗」３月23日付に、「日本共産党と『破壊活動防止法』に関する質問主意書」（鈴木貴子衆院議員提出）への政府答弁書（３月22日閣議決定）に対する反論が載った。

山下芳生書記局長（当時）が３月22日のうちに国会内で記者会見した内容だが、会見での質問に答えたもので２面扱いとおとなしい。見出しは「政府の破防法答弁書」「山下書記局長　厳重に抗議、撤回要求」と形式的なもの。（４月11日、山下氏は健康上の理由で副委員長に、書記局長は小池晃前政策委員長が就任）。

ところで、質問主意書と政府答弁書は衆議院のホームページで閲覧できる。質問主意書の要旨は、①破壊活動防止法（破防法）で定める暴力主義的破壊活動とはどのような活動か、②昭和57年（１９８２年）４月１日参院法務委員会で公安調査庁が破防法に基づく調査対象団体に左翼関係７団体、右翼関係８団体あると答弁したことの確認、③「左翼関係7団体」に日本共産党は含まれるか、現在も公安調査庁は同党を破防法に基づく調査対象団体と認識しているか、④昭和57年4月20日衆院地方行政委員会で警察庁が「日本共産党は敵の出方論に立った暴力革命の方針を捨てきっていないと判断している」と答弁したことへの現在の警察庁の認識、⑤戦後、日本共産党が合法政党になって以降、同党や関連団体が国内で暴力主義的破壊活動を行った事案があるか、⑥平成元年（89年）2月18日衆院予算委で不破哲三氏と石山陽公安調査庁長官との質疑などにみる日本共産党の「敵の出方論」に対する政府の見解――だ。

答弁書の要旨は、①については、破防法4条1項の行為で、具体的には刑法上の内乱、内乱の予備または陰謀、外患誘致等の行為、政治上の主義や施策の推進、支持または反対する目的で刑法上の騒乱、建造物等放火、殺人等の行為をなすことなど、②と③については、日本共産党は現在においても、破防法に基づく調査対象団体である、④については、警察庁は現在も日本共産党の「いわゆる敵の出方論」に立った「暴力革命の方針」に変更はないと認識している、⑤については、政府は日本共産党が昭和20年（45年）8月15日以降、国内で暴力主義的破壊活動を行った疑いがあるものと認識している、⑥については、石山長官が答弁した「（議会制民主主義での共産党の党勢拡大は）政治的な最終目標であるのか戦略または戦術の手段であるのか、冷静な立場でもって敵の出方論に調査研究を進めている。直ちに共産党に規制請求すべき段階に立ち入っているとは思わない。敵の出方論には政権ができる前に不穏分子をたたきつけてやろうという問題がある…」などの通り――だ。

山下氏の記者会見を報じた「赤旗」3月23日付では、同党の立場は質問主意書と答弁書でも触れている「89年2月18日の当時の公安調査庁長官に対する不破哲三副議長（当時）の質問で明らか」として、「調査の結論として、公安調査庁として公安審査委員会に、暴力破壊活動をやる恐れのある団体として（同法の）適用申請を1回もしていない」「公安調査庁が何を根拠にして、わが党の調査にあたったのかというと、これは内部確認だということだ」「わが党は党として正規の機関で『暴力革命の方針』をとったことは一度もない」と釈明している。

これについては本紙（世界日報）が連載した「筆坂元日本共産党ナンバー3と田村自民党政務調査会審議役が対談（7）」（4月10日付）で筆坂秀世元共産党政策委員

長が次のように明解に答えている。

「51年綱領というのがある。今、共産党は51年綱領ではなくて51年文書と言い換えているけど、これは完全に暴力革命路線なんだ。共産党は、山下（芳生書記局長）君が『暴力革命なんていうことは過去も現在も未来も一切ない』と語っていたがそんなことはない。戦前は完璧に暴力革命路線。戦後も、51年綱領というのは暴力革命路線そのものだよ。だって、火炎瓶を投げたり、中核自衛隊を作ったり、山村工作隊を作ったり、実際そこに身を投じていった若者がいっぱいいいたわけだからね」

日本共産党が暴力革命路線を採った「51年綱領」は、51年10月の同党第5回全国協議会で決定された。50年にソ連が統制するコミンフォルム（共産党および労働者党情報局。ソ連・東欧・仏伊などの共産党が加盟）が米軍の占領統治下で合法政党にされた日本共産党に対する批判を同党が受け入れたものだった。以後、非合法な「軍事委員会」を作り、全国で数々の殺傷・破壊事件を起こした。

筆坂氏は著書『日本共産党と中韓』（ワニブックスPLUS新書）の中で、その後「日本共産党は、この誤りは徳田・野坂分派が行ったものであり、日本共産党はその後継ぎではない、などと開き直っている。だが野坂は、この後の党の中枢にも座り続け、火焔瓶闘争などに走った少なくない党員が、その後も日本共産党員として活動を継続していた。これをなかったことにして現在の共産党と無縁などという態度をとることは、それこそ歴史の改ざんである」と述べている。暴力闘争にかり出され、刑法上の取り締まりを受けて当然の党員らが多く党に残留し、かくまっていたのだ。ここに長きにわたる「調査」理由があろう。

また、警察庁広報誌『焦点』２６９号（現行警察法施行50周年記念特集号）でも、「ところで現在、日本共産党は、当時の暴力的破壊活動は『分裂した一方が行ったことで、党としての活動ではない』と主張しています。しかし、同党が（昭和）20年代後半に暴力的破壊活動を行ったことは歴史的事実であり、そのことは『白鳥警部射殺事件』（27年1月）、『大須騒擾事件』（27年7月）の判決でも認定されています」と記している。

これらの事件の中でも52年5月1日の血のメーデー事件という大規模な騒擾事件を受け、破防法が同年7月21日に制定された。その後、共産党は暴力路線を引っ込めた

現在の札幌市中央区南６条西16丁目の通りの風景。1952年1月21日午後７時半すぎに付近の路上で自転車で帰宅中の白鳥一雄札幌市警察警備課長が自転車で後方から追ってきた犯人に背後からピストルで射殺された

から同法適用を受けてないだけで、答弁書によるとまだ真意が探られ続けている。

　ところで、『焦点』２６９号が指摘の白鳥一雄警部射殺事件（52年1月21日、札幌市・南6条16丁目付近で発生）に共産党側は逮捕者の冤罪《えんざい》を主張し再審請求運動で隠蔽《いんぺい》しようとした。が、事件から60年も経《た》つと事件当時の関係者が真相を語り始めた。11年3月にＨＢＣ（北海道放送）ラジオが「インターが聴こえない～白鳥事件60周年の真実」を放送。事件当時、北海道大学生で「中核自衛隊」だった元共産党員・高安知彦氏の証言が注目され、60年の節目の12年に各紙が報道。読売新聞2月24日付も「札幌市警の警備課長だった白鳥一雄警部（当時36歳）が射殺された『白鳥事件』で、当時の日本共産党札幌地区委員会の地下軍事組織だった『中核自衛隊』元隊員が読売新聞の取材に応じ、事件数日前に白鳥警部を銃撃しようとして失敗していたことを証言した」と、未遂事件の存在をも伝えた。

同年12月に発刊された『白鳥事件　偽りの冤罪』（渡部富哉著・同時代社）は、51年に日本共産党非公然活動歴のある著者が内側からの視点を添えて詳しい。白鳥警備課長銃撃を指示した村上国治・日本共産党札幌委員会委員長兼軍事委員会委員長は旧陸軍通信兵、白鳥警備課長を射殺した実行犯の佐藤博・日本共産党札幌委員会軍事部員（逃亡先の中国で客死）は旧海軍震洋隊隊員など軍歴にも触れ、銃器に慣れた戦争と時間的距離の近さを感じる。つまり、日本共産党「軍事委員会」は現実的な脅威だった。共産党の当時の暴力革命路線に対する警察庁の認識は不変だろう。

現在の共産党の「正規の機関で『暴力革命の方針』をとったことは一度もない」と

の説明は、非正規ならぬ非公然活動の含みだろうか。1922年結党から94年間の党史を共産党は誇るが、ご都合主義の塗り替えや、不都合への頬被りでは済ませられないことを政府答弁書は示している。

（世界日報解説室長　窪田伸雄）

〔第3部〕

ここが知りたい日本共産党Q&A

「天皇制」容認のふりしているだけ

Q 天皇陛下が御出席された今年1月4日の通常国会の開会式に、志位和夫委員長ら日本共産党の国会議員が神妙な面持ちで初めて出席しましたが、「天皇制打倒」の考えを変えたのですか？

A それはあり得ません。「天皇制」を認めて柔軟路線に変わったと装っているだけですね。「天皇制」を容認したフリをしているだけで、将来、廃止しようとする考えに変わりはありません。

日本共産党は１９２２年の党創立以来、「天皇制」の「廃止」を主張してきました。少し振り返ってみると、戦前は「君主制の廃止」という言葉を多く使っていましたが、「天皇制の転覆」という言葉が出てくる文書もあります。戦後は、「天皇制の打倒」を掲げ、「天皇制は、それがどんな形をとろうとも、人民の民主主義体制とは絶対に相容れない」と「行動綱領」（45年）に明記しました。要するに、「天皇制」

は絶対ダメと言っていたわけですよ。

その共産党に変化が見え始めたのは、独裁体制を長年築いてきた宮本顕治元名誉議長が引退し、解放された不破哲三氏（当時委員長）が指導するようになってからです。怖い革命政党・共産党のイメージを変えてニコニコ顔のスマイル戦術を採るようになりました。1990年代の終わり頃には「もしかしたら共産党が政権参加するのでは」とまで言われるほど勢いを増しましたが、その頃、不破さんが仕掛けたのが今回と同様の「天皇制」に対する柔軟戦術でした。

不破さんは98年、「今の憲法になじまない天皇の行為があるが、暫定政権下では問題にならない」と語りました。これを受けて、ほとんどのマスコミが「共産党は天皇制容認」に変わったのでないか、と騒ぎたてました。不破さん本人は「変わっていない」と述べていたにもかかわらずです。この時も共産党は、暫定的な連立政権を他の野党に呼び掛けていました。今回は、安保関連法の廃止などで共同する野党共闘の「国民連合政権」（暫定政権）を作ろうと呼び掛けているのですが、あくまでも連立政権をつくるための一時的な〝まやかし〟に過ぎません。

何故なら、現在の党綱領に「天皇制」の「存廃」は「将来、情勢が熟したときに、国民の総意によって解決されるべきものである」とあるように、彼らの目指す「民主連合政権」を強化してから廃止する考えだからです。つまり、一気に打倒はしないけれど、やがて力をつけて「解決」という文字と同じ意味の「廃止」を実現することを考えているのですね。志位委員長は国会開会式出席の理由について「天皇制に反対する立場で欠席しているとの誤解」を払拭すると言っていますがそれは方便でしょう。それなら、どうしていままで出席してこなかったのでしょうか。この狡猾な戦術を見抜くことが大切でしょう。

政権入りのきっかけづくり

Q 去年9月19日に安保関連法が成立するや、共産党は「国民連合政府」構想を訴えましたが、それって何?

A 他の野党と安保関連法を廃止するため一時的に連立をしようと呼び掛けたものです。そのホンネは、政権入りのきっかけを作りたいのですね。

共産党は安保法が成立すると「『戦争法（安保法制）廃止の国民連合政府』の実現をよびかけます」と志位和夫委員長が声明を発表しました。

これを他の野党の多くは「安保法廃止」なら自分たちと同じ立場だと早合点し、歓迎しました。その上、夏の参院選で共産党が選挙協力もしてくれるというので、色めき立つ浅ましさでした。

しかし、考えてみますと「安保法廃止」だけなら共産党が与党にならなくても可能なはずです。例えば、自民と公明が過半数を割れば、国会の法案採決で否決してしまえば済む話です。しかし、共産党は安倍内閣が集団的自衛権を限定容認した閣議決定（一昨年7月）の「撤回」も同時に必要だと主張し、その主張に絡ませて「連合政府」構想を発表しました。つまり、政権入りこそが彼らの目的なのです。

「呼びかけ」は参院選だけでなく、政権を決める衆院選の選挙協力にも触れてますから、自分たちを政権の選択肢の枠組みに入れたいことが裏付けられますね。これまでの政権交代で共産党はいつも蚊帳の外でした。戦後、数年が経過した頃、党員らがコミンフォルム（共産党および労働者党情報局）を通じたスターリンの指示で殺傷事件や暴力的な破壊活動を行い全国を暴れまわっていたんですから当然でしょう。

しかし、その様な過去を知らない若い世代が増え、共産党などが仕掛けた反安保法制デモが一部のマスコミにもてはやされたので、気をよくした志位さんは「一種の市民革命につながる」とまで語っています。

要するに「国民連合政府」は革命を夢見ての構想と分かります。日本を共産主義にする事業計画書のような共産党綱領には、共産主義の社会が来る前の段階として「民主主義革命と民主連合政府」という項目があります。その中の「統一戦線の政府・民主連合政府をつくること」を実現したいのです。

難しく聞こえるかもしれませんが、別の集団・勢力を利用して自分たちより大きな運動で政権を取ろうというわけです。「立憲主義」を大義名分に「安保法廃止」や「閣議決定撤回」を口実にすれば、共産党を混ぜた連立政権を受容する世論を醸成できると考えたのでしょう。

これには民主党の低迷も見逃せません。野党内の力関係が変わり、共産党に主導権を取られる嘆かわしさですが、「国民連合政府」構想には拒否を貫かねばいけません。

民青の幹部ら背後から影響力

Q 若者のグループ「ＳＥＡＬＤｓ（シールズ）」は共産党と関係があるのですか？

A 安保関連法に反対し国会前抗議行動などをして「しんぶん赤旗」に時々登場する団体のことですね。共産党直系の民主青年同盟（民青）の幹部らが背後から影響力を行使しています。

シールズが発足したのは、昨年（２０１５年）５月３日のことです。憲法記念日に、「憲法違反の平和安全法制（戦争法案）に反対する目的」でスタートしました。リーダーは奥田愛基氏（明治学院大国際学部４年）で、反原発運動、反特定秘密保護法を掲げた学生有志の会が解散、名称変更してシールズ（自由と民主主義のための学生緊急行動）となったものです。

創設メンバーのほとんどが、島根県にあるキリスト教愛真高校出身者で、活動の前面に出てラップ調の音楽や踊りで若者たちを軽い乗りで引き付け反安保法制の運動を扇動してきました。ただ理論戦に弱く、思想教育を受けた民青幹部らが背後で指導していると指摘されています。

例えばシールズは現在、「首都圏」「関西」「東海」「琉球」の4地域で立ち上がっていますが、「首都圏」には、元民青系全学連中央執行委員長の加藤友志氏（東京学芸大）や、民青北海道札幌白石・厚別地区委員の西穂波氏（浪人中）が、「関西」には民青京都府委員会の塩田潤氏（神戸大・大学院）が加入しています。「琉球」には、民青沖縄県委員会常任委員の吉居俊平氏（名桜大）、荒木竜同委員会委員長（琉球大出身）が参加しています。昨年12月の辺野古移転反対のための「オール沖縄会議」に「加入することを誘ったのが荒木氏」（シールズ事情通）で実際に「シールズ琉球」の代表が結成大会であいさつをしました。これなどは、民青が影響力を行使した例でしょう。

民青の規約には、同盟員が「日本共産党綱領を学び」、「日本共産党を相談相手に、援助を受けて活動する」ことが記されていますので、大学の自治会支配を目論むことなど共産党の事実上の手足になって活動しています。「しんぶん赤旗」には1面に写真入りでときどき大きく報道されています。革命政党の機関紙が1面で好意的に報道するということだけでも距離感の近さが分かりますよね。

現在の彼らの活動の主力は、夏の参院選に向けて安全保障関連法廃止を訴える野党統一候補を支援する「安全保障法制の廃止と立憲主義の回復を求める市民連合」を結成し、参院選のすべての1人区で野党統一候補を立てることを訴えています。共産、民主、維新、社民、生活とも共同で街宣することが多いため党派色を消していますが、共産党の影響力が強いことは間違いありません。

選挙協力で候補者と関係

Q 沖縄県の翁長雄志知事らリベラル陣営は「オール沖縄」と言っていますが、共産党との関係が強いのではないですか?

A 陣営の中核は共産党で、今では普天間基地移設問題などで共産党のいいなりになっています。

2014年11月の県知事選で「オール沖縄」候補として翁長氏が出馬しましたが、支持したのは主に共産党、民主党、社民党、沖縄地域政党の沖縄社会大衆党。さらには、県民ネットと呼ばれる革新系会派、那覇市議会の元自民党系「新風会」会派が応援しました。おかしいのは、自民と公明が入っていないのに、「オール沖縄」と勝手に呼んでいることです。オールとは「すべて」という意味ですからね。

翁長さんは出馬する際、「辺野古のシングルイシュー(一つの争点)で戦う」と意気込み、保守系の仲間には「共産党とは組まない」とも言っていたそうです。

ところが、知事選の少し前、共産党の志位和夫委員長と会談。志位さんから「翁長さんが知事になれば、日米両政府に巨大な衝撃を与え、新しい歴史の扉を開きます。沖縄の新しい歴史をつくりましょう」と持ち上げられ、「志位委員長から激励をいただき、本当にこれまでの政治活動が間違っていなかったと感じています。一緒に行動して本当に違和感がない。なぜもっと前から一緒にならなかったのか」と嬉々として返答しました。

翌月に行われた衆議院選挙では、翁長さんは沖縄1区の共産党候補を全面的に応援しました。この候補は、共産党が好きな赤色を使わずに「オール沖縄」候補として戦っていました。もともと自民党出身の翁長さんなのですが、ひとたび協力してしまうともはや共産党と手を切れなくなってしまうのですね。1月24日投開票の宜野湾市長選挙でも、翁長さんは辺野古移設反対の「オール沖縄」候補を推し共産党との連携を強めました。

共産党は現在、野党共闘のためにすでに決定した党の参院選候補を次々と降ろし政策協定を結んで支援する戦術を展開しています。ただ、注意しなければならないのは、選挙協力という抱きつき戦術で候補者と切っても切れない関係を上手につくり、当選すれば自分たちの政策を実行させ、まるで自分たちがやっていると宣伝することに利用されることです。

「総がかり実行委」を作り音頭とる

Q 去年、安保法制に反対するデモが国会の周辺で行われましたが、日本共産党は何をしていましたか？

A 日米安保条約に反対してきた多くの団体と一緒になって「戦争させない・9条壊すな！ 総がかり行動実行委員会（総がかり実行委員会）」を作り、デモの音頭をとっていました。

「総がかり実行委員会」という取って付けたような名前の団体は、大きな風呂敷のようなものです。昔から憲法9条の解釈をめぐり自衛隊や日米安保条約に反対している数々の左翼団体を包み隠し、まるで草の根の国民運動であるかのように見せるものです。

このような抽象的な団体名称を何かあるたびに用いるのは、共産党関連団体の常套手段ですね。安保法に対しては、昨年2月、通常国会で法案に反対する運動体として「総がかり実行委員会」の名称を付けて、大衆を巻き込もうとしてきました。

「総がかり実行委員会」の連絡先は、「戦争をさせない1000人委員会」、「解釈で憲法9条を壊すな！実行委員会」、「戦争する国づくりストップ！憲法を守り・いかす共同センター」の3団体です。大風呂敷を開くと三つの風呂敷包みが出てきたようなものですね。この三つの包みを開くとさらに多くの〝小袋〟が出てくる。その一つが大きな組織である日本共産党なのですから、全体のかなりの重量を占めていそうな〝小袋〟ですね。

「戦争をさせない1000人委員会」の発起人は、大江健三郎さん、瀬戸内寂聴さんらが名を連ね、護憲運動の「9条の会」とも参加者が重なります。「戦争する国づくりストップ！憲法を守り・いかす共同センター」は戦後の護憲運動の中心勢力だった旧社会党（現社民党）、共産党、革新諸派系列の護憲団体が数々参加しています。

「戦争する国づくりストップ！憲法を守り・いかす共同センター」は、主に共産党および全国労働組合総連合（全労連）、全国商工団体連合会（全商連）、新日本婦人の会（新婦人）など同党の傘下団体が集まっています。

従って、昔から反米反基地運動や護憲反戦運動を行ってきた団体や人士が参加しているわけです。団体名称を変えても動員される組織・団体は殆ど変わらないのですから、似たり寄ったりです。実際に国会の周りで行われたデモの様子を見に行くと分かることですが、労働組合や1970年代頃に学生運動を行っていたぐらいの高齢世代の人々が大半でした。ただ、テレビの報道番組などが大学生のシールズ（SEALDs）や高校生のティーンズソウル（T－ns　SOWL）など若いデモ参加者を主に話題にしたので、新しい動きが広がっているという印象になりましたが、現実は少し違うようです。

付録（資料）

●日本国憲法に関して反対演説をする野坂参三氏

衆議院本会議　昭和二十一年八月二十四日

○野坂参三君　我々は我が民族の独立を飽くまで維持しなければならない、日本共産党は一切を犠牲にして、我が民族の独立と繁栄の為に奮闘する決意を持って居るのであります。要するに当憲法第二章は、我が国の自衛権を放棄して民族の独立を危くする危険がある。それ故に我が党は民族独立の為に此の憲法に反対しなければならない。是が我々の反対する第四の理由であります。

以上が我が共産党の当憲法草案に反対する重要な理由であります。要するに当憲法は、我が国民と世界の人民の要望するような徹底した完全な民主主義の憲法ではない。是は羊頭狗肉の憲法である。財産権を擁護して、勤労人民の権利を徹底的に保障しない憲法である。我が民族の独立を保障しない憲法である。天皇の特権である参議院の存在は、明かに官僚や保守反動勢力の要塞となると共に、禍を将来にのこす憲法である。我々は我が国の将来と我が子孫の為に、我が国の民主主義と平和を絶対に保障するような憲法を作り、将来保守反動勢力が彼等の足場に是等を利用するような、特権的機関と危険を此の憲法の中にのこすことは出来ない。それ故に我々は此の草案が当議会を通過することに反対しなければならない。併し我々の数は少数であります。此の草案がここに可決されることは明かであります。それ故に我々は当憲法が可決された後に於ても、将来当憲法の修正に付て努力するの権利を保留して、私の反対演説を終る次第であります。

●質問主意書

平成二十八年三月十四日提出
日本共産党と「破壊活動防止法」に関する質問主意書
提出者　鈴木貴子

日本共産党と「破壊活動防止法」に関する質問主意書

日本共産党と「破壊活動防止法」（以下、「破防法」とする）に係る、過去の政府答弁を踏まえ、以下質問する。

一　「破防法」で定める、暴力主義的破壊活動とはどのような活動であるか説明を求める。

二　昭和五十七年四月一日、第九十六回国会、参議院法務委員会に於いて、公安調査庁は「破防法」に基づく調査対象団体として、左翼関係として七団体、右翼関係として八団体ある旨答弁されていると承知するが確認を求める。

三　二にある「左翼関係として七団体」に日本共産党は含まれているか、また、平成十一年十二月二日、第百四十六回国会、参議院法務委員会に於いても、「公安調査庁長官にお尋ねしますが、平成元年の二月に衆議院の予算委員会で不破委員長が、共産党が破防法の調査対象団体になっていることについて質疑していますが、今日でも調査対象団体でしょうか。国民の多くはまさかと思っているんじゃないかと思いますが、その点についてお答えいただきたいと思います。」との質問に、「御指摘の点につきましては、今日でも調査対象団体でございます。」と答弁されているが、現在も公安調査庁は、日本共産党を「破防法」に基づく調査対象団体と認識しているか、確認を求める。

四　昭和五十七年四月二十日、第九十六回国会、衆議院地方行政委員会に於いて、警察庁は「ただいまお尋ねの日本共産党につきましては、民青を含めまして、いわゆる敵の出方論に立ちました暴力革命の方針を捨て切っていないと私ども判断しておりますので、警察としましては、警察法に規定されます『公共の安全と秩序を維持する』そういう責務を果たす観点から、日本共産党の動向について重大な関心を払っている」旨答弁されているが、現在も警察庁は、日本共産党は暴力革命の方針を捨て切っていないと認識されているか、見解を求める。

五　昭和二十年八月十五日以後、いわゆる戦後、日本共産党が合法政党となって以降、日本共産党及び関連団体が、日本国内に於いて暴力主義的破壊活動を行った事案があるか確認を求める。

六　平成元年二月十八日、第百十四回国会、衆議院予算委員会において、石山政府委員が述べられている、日本共産党のいわゆる「敵の出方論」、並びに、同委員会に於ける不破委員の「政権についたときにその共産党の入った政権なるがゆえに従わないという勢力が出た場合、そういう勢力がさまざまな暴挙に出た場合、それに対して黙っているわけにはいかない、そういうのは力をもってでも取り締まるのが当たり前だ、これは憲法に基づく政府の当然の権利でしょう。そういうことについて我々は綱領に明記しているわけです。」に対する政府の見解を求める。

右質問する。

答弁本文

平成二十八年三月二十二日

内閣総理大臣　安倍晋三

衆議院議長　大島理森　殿

衆議院議員鈴木貴子君提出日本共産党と「破壊活動防止法」に関する質問に対する

答弁書

一について

暴力主義的破壊活動とは、破壊活動防止法（昭和二十七年法律第二百四十号）第四条第一項各号に掲げる行為をいう。具体的には、刑法上の内乱、内乱の予備又は陰謀、外患誘致等の行為をなすこと、政治上の主義若しくは施策を推進し、支持し、又はこれに反対する目的をもって刑法上の騒乱、現住建造物等放火、殺人等の行為をなすこと等である。

二及び三について

御指摘の昭和五十七年四月一日の参議院法務委員会において、鎌田好夫公安調査庁長官（当時）が、破壊活動防止法に基づく当時の調査対象団体の数について「いわゆる左翼系統といたしまして七団体、右翼系統といたしまして八団体程度」と答弁し、当該調査対象団体の名称について「左翼関係としましては日本共産党…等でございます」と答弁している。

日本共産党は、現在においても、破壊活動防止法に基づく調査対象団体である。

四について

警察庁としては、現在においても、御指摘の日本共産党の「いわゆる敵の出方論」に立った「暴力革命の方針」に変更はないものと認識している。

五について

お尋ねのうち、「関連団体」については、その具体的な範囲が必ずしも明らかではないため、お答えすることは困難であるが、政府としては、日本共産党が、昭和二十年八月十五日以降、日本国内において暴力主義的破壊活動を行った疑いがあるものと認識している。

六について

お尋ねについては、御指摘の平成元年二月十八日の衆議院予算委員会において、石山陽公安調査庁長官（当時）が、御指摘の不破哲三委員の発言を踏まえて、「昭和三十六年のいわゆる綱領発表以降、共産党は議会制民主主義のもとで党勢の拡大を図るという方向で着々と党勢拡大を遂げられつつあることはお示しのとおりでございます。ただ問題は、それは政治的な最終目標であるのかあるいは戦略または戦術の手段であるのかということの問題でございます。私どもはそれらに対しまして、今冷静な立場でもって敵の出方論何かにつきましても調査研究を進めておる段階でございまして、今のところその結果として直ちに公党である共産党に対し規制請求すべき段階に立ち入っているとは思わないから請求もしていないということであります。なお、敵の出方論について今御教示を賜りましたが、一つだけ私からも申し上げておきたいことがございます。御存じのとおり、政権確立した後に不穏分子が反乱的な行動に出て、これを鎮圧するというのは、たとえどなたの政権であろうとも当然に行われるべき治安維持活動でございます。ところが敵の出方論という中には、党の文献等を拝見しておりますると、簡単に申しますと、三つの出方がございます。一つは、民主主義の政権ができる前にこれを抑えようという形で、不穏分子をたたきつけてやろうという問題であります。それから第二には、民主主義政権は一応確立された後に、その不満分子が反乱を起こす場合。三番目は、委員御指摘のような事態であります。ですから、それらにつきまして一部をおっしゃっておりますけれども、その全部について敵の出方論があり得る」と答弁しているとおりである。

●破壊活動防止法（昭和二十七年七月二十一日施行）の第一章と第二章

第一章　総則

（この法律の目的）

第一条　この法律は、団体の活動として暴力主義的破壊活動を行った団体に対する必要な規制措置を定めるとともに、暴力主義的破壊活動に関する刑罰規定を補整し、もって、公共の安全の確保に寄与することを目的とする。

（この法律の解釈適用）

第二条　この法律は、国民の基本的人権に重大な関係を有するものであるから、公共の安全の確保のために必要な最小限度においてのみ適用すべきであって、いやしくもこれを拡張して解釈するようなことがあってはならない。

（規制の基準）

第三条　この法律による規制及び規制のための調査は、第一条に規定する目的を達成するために必要な最小限度においてのみ行うべきであって、いやしくも権限を逸脱して、思想、信教、集会、結社、表現及び学問の自由並びに勤労者の団結し、及び団体行動をする権利その他日本国憲法の保障する国民の自由と権利を、不当に制限するようなことがあってはならない。

2　この法律による規制及び規制のための調査については、いやしくもこれを濫用し、労働組合その他の団体の正当な活動を制限し、又はこれに介入するようなことがあってはならない。

（定義）

第四条　この法律で「暴力主義的破壊活動」とは、次に掲げる行為をいう。

一イ　刑法（明治四十年法律第四十五号）第七十七条（内乱）、第七十八条（予

備及び陰謀)、第七十九条(内乱等幇助)、第八十一条(外患誘致)、第八十二条(外患援助)、第八十七条(未遂罪)又は第八十八条(予備及び陰謀)に規定する行為をなすこと。
ロ　この号イに規定する行為の教唆をなすこと。
ハ　刑法第七十七条、第八十一条又は第八十二条に規定する行為を実行させる目的をもって、その行為のせん動をなすこと。
ニ　刑法第七十七条、第八十一条又は第八十二条に規定する行為を実行させる目的をもって、その実行の正当性又は必要性を主張した文書又は図画を印刷し、頒布し、又は公然掲示すること。
ホ　刑法第七十七条、第八十一条又は第八十二条に規定する行為を実行させる目的をもって、無線通信又は有線放送により、その実行の正当性又は必要性を主張する通信をなすこと。
二　政治上の主義若しくは施策を推進し、支持し、又はこれに反対する目的をもって、次に掲げる行為の一をなすこと。

イ　刑法第百六条（騒乱）に規定する行為
ロ　刑法第百八条（現住建造物等放火）又は第百九条第一項（非現住建造物等放火）に規定する行為
ハ　刑法第百十七条第一項前段（激発物破裂）に規定する行為
ニ　刑法第百二十五条（往来危険）に規定する行為
ホ　刑法第百二十六条第一項又は第二項（汽車転覆等）に規定する行為
ヘ　刑法第百九十九条（殺人）に規定する行為
ト　刑法第二百三十六条第一項（強盗）に規定する行為
チ　爆発物取締罰則（明治十七年太政官布告第三十二号）第一条（爆発物使用）に規定する行為
リ　検察若しくは警察の職務を行い、若しくはこれを補助する者、法令により拘禁された者を看守し、若しくは護送する者又はこの法律の規定により調査に従事する者に対し、凶器又は毒劇物を携え、多衆共同してなす刑法第九十五条（公務執行妨害及び職務強要）に規定する行為

ヌ　この号イからリまでに規定する行為の一の予備、陰謀若しくは教唆をなし、又はこの号イからリまでに規定する行為の一を実行させる目的をもってその行為のせん動をなすこと。

2　この法律で「せん動」とは、特定の行為を実行させる目的をもって、文書若しくは図画又は言動により、人に対し、その行為を実行する決意を生ぜしめ又は既に生じている決意を助長させるような勢のある刺激を与えることをいう。

3　この法律で「団体」とは、特定の共同目的を達成するための多数人の継続的結合体又はその連合体をいう。但し、ある団体の支部、分会その他の下部組織も、この要件に該当する場合には、これに対して、この法律による規制を行うことができるものとする。

第二章　破壊的団体の規制

（団体活動の制限）

第五条　公安審査委員会は、団体の活動として暴力主義的破壊活動を行った団体に対して、当該団体が継続又は反覆して将来さらに団体の活動として暴力主義的破壊活動を行う明らかなおそれがあると認めるに足りる十分な理由があるときは、左に掲げる処分を行うことができる。但し、その処分は、そのおそれを除去するために必要且つ相当な限度をこえてはならない。

一　当該暴力主義的破壊活動が集団示威運動、集団行進又は公開の集会において行われたものである場合においては、六月をこえない期間及び地域を定めて、それぞれ、集団示威運動、集団行進又は公開の集会を行うことを禁止すること。

二　当該暴力主義的破壊活動が機関誌紙（団体がその目的、主義、方針等を主張し、通報し、又は宣伝するために継続的に刊行する出版物をいう。）によって行われたものである場合においては、六月をこえない期間を定めて、当該機関誌紙を続けて印刷し、又は頒布することを禁止すること。

三　六月をこえない期間を定めて、当該暴力主義的破壊活動に関与した特定の役職員（代表者、主幹者その他名称のいかんを問わず当該団体の事務に従事する者をいう。以下同じ。）又は構成員に当該団体のためにする行為をさせることを禁止すること。

2　前項の処分が効力を生じた後は、何人も、当該団体の役職員又は構成員として、その処分の趣旨に反する行為をしてはならない。但し、同項第三号の処分が効力を生じた場合において、当該役職員又は構成員が当該処分の効力に関する訴訟に通常必要とされる行為をすることは、この限でない。

（脱法行為の禁止）

第六条　前条第一項の処分を受けた団体の役職員又は構成員は、いかなる名義においても、同条第二項の規定による禁止を免れる行為をしてはならない。

（解散の指定）

第七条　公安審査委員会は、左に掲げる団体が継続又は反覆して将来さらに団体の活動として暴力主義的破壊活動を行う明らかなおそれがあると認めるに足りる十分な理由があり、且つ、第五条第一項の処分によつては、そのおそれを有効に除去することができないと認められるときは、当該団体に対して、解散の指定を行うことができる。

一　団体の活動として第四条第一項第一号に掲げる暴力主義的破壊活動を行った団体
二　団体の活動として第四条第一項第二号イからリまでに掲げる暴力主義的破壊活動を行い、若しくはその実行に着手してこれを遂げず、又は人を教唆し、若しくはこれを実行させる目的をもって人をせん動して、これを行わせた団体
三　第五条第一項の処分を受け、さらに団体の活動として暴力主義的破壊活動を行った団体
(団体のためにする行為の禁止)
第八条　前条の処分が効力を生じた後は、当該処分の原因となった暴力主義的破壊活動が行われた日以後当該団体の役職員又は構成員であった者は、当該団体のためにするいかなる行為もしてはならない。但し、その処分の効力に関する訴訟又は当該団体の財産若しくは事務の整理に通常必要とされる行為は、この限でない。
(脱法行為の禁止)
第九条　前条に規定する者は、いかなる名義においても、同条の規定による禁止を

免れる行為をしてはならない。

（財産の整理）

第十条　法人について、第七条の処分が訴訟手続によってその取消を求めることのできないことが確定したときは、その法人は、解散する。

2　第七条の処分が訴訟手続によってその取消を求めることのできないことが確定したときは、当該団体は、すみやかに、その財産を整理しなければならない。

3　前項の財産整理が終了したときは、当該団体の役職員であった者は、そのてん末を公安調査庁長官に届け出なければならない。

●共産党に関する主な政治家の発言集

◎安倍晋三首相

「民主党は共産党と手を結び、平和安全（安保）法制を廃止する法律を通そうとしている。せっかく強化された（日米）同盟の絆は、大きく損なわれてしまう。共産党の究極的な目標は自衛隊解散、日米安保条約の廃棄だ。この共産党と手を結んで選挙を

戦う民主党、民共勢力に決して負けるわけにはいかない」（3月12日、自民党本部であった全国幹事長会議で）

◎菅義偉官房長官

「共産党の綱領は日米安全保障条約の破棄、自衛隊解散だ。こうした政党が民進党といっしょになり、国民の安心安全を守ることができるのか。政権の仕事は国民の生命と平和な暮らしを守ることだ」（4月10日、札幌で）

◎茂木敏充自民党選対委員長

「野党の一部が民主党に合流し、野党は実質的に民主と共産の2つになりつつあります。『野党統一候補』というより、『民共合作候補』と言った方が正しいと思います。政党とは、共通の理念の下で統一の政策を持つものの集団ですが、今回の『野党統一候補』は、理念も政策もバラバラな野党各党が候補者を寄せ集めて、『選挙の数合わせ』をする以外の何ものでもありません。（略）この夏の参院選では『自民党と公明党の安定政権』を選択していただくのか、それとも『民共合作の理念なき野党候補』『共産党が主導する革新勢力』にこの国を委ねるのか。国民の明確な判断を求めていきたい」（自民党の機関紙「自由民主」２０１6年3月15日号）

◎野中広務元自民党幹事長

「ひとたび権力を得た共産党の恐ろしさを、私ども京都人は一番よく知っている」「彼らは、化けに化けて、かつて京都で権勢をほしいままにした」（１９９8年9月26日、自民党京都府連大会あいさつ。当時は官房長官）

「共産党に主導権を奪われ、民主党が全く主体性のない政党として歩んでいくところに民主政治の怖さを思う。政権に参画したいという共産党の野望に乗せられている民主党にあわれを感じた」（１９９9年12月18日、那覇で。当時は幹事長代理）

◎加藤紘一元自民党幹事長

「日米安保（条約）を条件付きで容認し、段階的な解消なら認めるようなニュアンスを出し始めた。もしかしたら天皇制を認める準備を始めたのではないか。一番用心しなければならない」（２０００年1月30日、福島で）

◎**公明党の山口那津男代表**

「共産党はかねて北朝鮮は脅威ではないと吹聴していたが、今の現実からみて妥当な認識なのか」（２０１６年1月7日の党参院議員総会で）

◎**前原誠司民主党元代表**

「野党低迷の一つ（の理由）は、共産党が統一政権を呼び掛け、それに揺さぶられているということだと思う。私は（地元が）京都だから非常に共産党の強いところで戦ってきた。共産党の本質はよく分かっているつもりで、シロアリみたいなものだ。こことこと協力したら土台が崩れてくる。例えば外交安保は政権交代があってもそれほど大きく変わらない（形にすべきだ）。ただ、内政はいまの小さな政府、新自由主義と対峙していく。そういう中で野党の家を共産党が主導するのではなく、もういちど民主

党が中心となってつくっていくのが大事だ」（２０１５年11月14日、読売テレビの番組で）

◎松本剛明民主党元外相

「共通の責任を負って政府を担うことが選挙協力の前提だ。共産党が入ることは私の想像の中にはない」（２０１５年10月27日、民主党離党届提出で）

◎菅直人民主党元代表

「他の政党も共産党にはある種、警戒感を持っている。『共産党と一緒にやるなら私は嫌だ』となる」（１９９８年7月16日付朝日新聞インタビューで、当時は代表）

◎石原慎太郎元東京都知事

「あなたが先ほどおっしゃった、あなた方が書かれた共産党の歴史なるものは、私自身も熟読いたしました。何と都合のいいうそが書かれているかなというのが私の印象

でございました」（２０００年3月16日、都議会で）

用語解説

◎コミンテルン

１９１９（大正８）年３月、レーニンの指導の下にモスクワに設立された国際共産党とも呼ばれる国際革命組織のこと。いわゆる第三インターナショナルである。21カ条の厳しい加盟条件を満たす真に革命的な各国の共産党が支部として加盟、本部の指示に従って革命闘争を行った。１９２２年7月に創立された日本共産党はその日本支部となった。１９４３年5月、第二次世界大戦の混乱のうちにソ連の対外政策の邪魔になるとの理由で解散した。

◎コミンフォルム

１９４７（昭和22）年9月、米国の対ソ封じ込め政策に対抗して、ソ連をはじめ東欧8カ国の共産党が集まって設立した「共産党および労働者党情報局」のこと。50年1月、機関誌「恒久平和と人民民主主義のために」に「日本の情勢について」と題する論文を掲載。それまでの〝平和革命〟戦術は「日本の人民を欺く理論」などと批判し、暴力革命路線をとるよう指示。これにより日本共産党内は分裂したが、結局、コミンフォルム批判に屈し、日本全国を暴れまわることになった。

◎27年テーゼ

1927年にコミンテルンが決定し日本共産党に初めて与えた「日本問題に関するテーゼ」のこと。テーゼは、ドイツ語で命題。綱領や基本方針の意味で用いられる。日本の革命の性格を規定した。

◎32年テーゼ

1932年にコミンテルンが決定した『日本における情勢と日本共産党の任務に関するテーゼ』のこと。これに基づき共産党は「反軍部、反天皇制」の闘争を狂気の如く展開した。

◎敵の出方論

革命が平和的に行われるか非平和的に遂行されるかはすべて敵の出方にあるという考え方。つまり、反革命勢力が暴力的に革命を阻止しようとすれば、革命勢力側もそれに対抗して暴力を使用する論拠となっている。しかも、日本共産党は過去の党大会で、敵がおとなしく政権を渡したり、革命の進行を傍観するなどということは「絶対にあり得ない」とし、この「敵の出方論」を積極的に認めたことがある。

筆坂秀世（ふでさか　ひでよ）
1948年生まれ。兵庫県出身。高卒後、三和銀行に入行。18歳で日本共産党に入党、国会議員秘書を経て参議院議員２期。書記局長代行、常任幹部会委員、政策委員長などを歴任。2003年に議員辞職。05年、離党。

田村重信（たむら　しげのぶ）
1953年生まれ。新潟県出身。拓殖大卒業後、自民党宏池会勤務を経て自民党本部職員。橋本龍太郎総裁の下で総裁担当。慶應義塾大学大学院法学研究科非常勤講師を務めた。拓殖大学桂太郎塾名誉フェロー。

日本共産党　本当に変わるのか!?

平成28年6月7日発行

編著者●ビューポイント編集部

発行所●㈱世界日報社
〒174-0041
東京都板橋区舟渡２−６−25
電話 03（3476）3411 代表
電話＆FAX 03（3558）4224 出版部

印　刷●㈱日商印刷

乱丁・落丁本はお取り替え致します。

 ISBN978-4-88201-093-7